Edwige Antier

Mon bébé devient propre

Une coédition Radio France
et Balland/Jacob-Duvernet

"L'info au plus près de l'info". C'est un souci permanent pour toute l'équipe de *France Info*. Qu'il s'agisse de suivre l'actualité minute par minute, en France ou de l'autre côté de la planète, qu'il s'agisse, à travers toutes nos chroniques, d'aider nos auditeurs dans leur vie quotidienne en cette fin de XXe siècle !

La santé de nos enfants et tout ce qui peut les aider à trouver leur place dans la famille et dans la société correspond à une préoccupation expliquant l'intervention sur notre antenne du pédiatre Edwige Antier. Après le guide consacré au sommeil et à l'alimentation du bébé, vous voilà, à présent, parfaitement informés sur son apprentissage de la propreté !

Pascal Delannoy
Directeur de *France Info*

Sommaire

Devenir propre

Liberté, promotion, renoncement.

Pédiatre depuis 30 ans, j'ai pu constater combien les modifications de l'environnement des mères pouvaient influer sur l'apprentissage de la propreté, et sur la construction psychique des enfants. Ma pratique médicale m'a notamment montré combien l'environnement éducatif du bébé occidental se trouvait modifié par l'apparition des changes complets. Mais bien peu de livres ont aidé les parents sur la question depuis ces deux dernières décennies.

Plus tolérants qu'autrefois, les jeunes parents veulent cependant savoir quand leur enfant est prêt à vivre en petite culotte, comment respecter son rythme propre et que faire lorsqu'il refuse d'aller sur le pot alors que l'entrée à l'école maternelle se profile. Ce livre vous permettra de l'aider à acquérir la propreté sans faire d'erreurs.

Au fil de mes consultations, certains enfants m'ont aidée en me dirigeant vers de nouvelles attitudes. Mon enfance et mon expérience de pédiatre sous des latitudes opposées à la France, en Asie et dans le Pacifique, m'ont également ouverte à d'autres pratiques culturelles.

Pour illustrer mon propros, vous découvrirez, au fil de ces pages, l'histoire de quelques patients. Ces exemples vous aideront à éduquer votre enfant en douceur et sans le traumatiser.

Edwige Antier

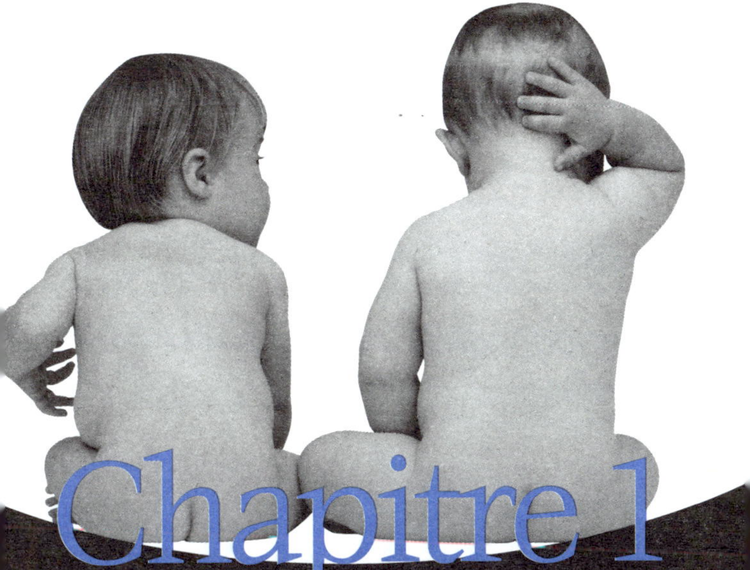

Chapitre 1

Privilégiez la méthode douce !

Fini les grands-mères coercitives !

Un apprentissage de mieux en mieux vécu.

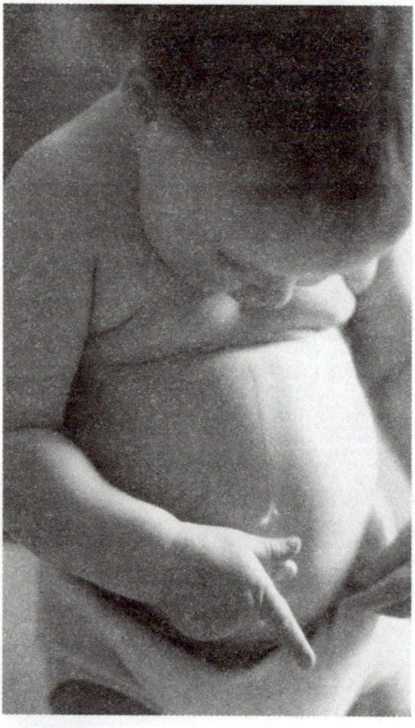

Dans le monde imaginaire des mamans est inscrit le souvenir de grands-mères coercitives essayant de dresser de tout jeunes enfants se tenant à peine assis à faire dans leur pot.

Les parents d'aujourd'hui ont bien juré qu'on ne les y reprendrait plus, attentifs qu'ils sont à l'épanouissement de leur enfant et au respect de sa maturité. S'il y a un domaine dans lequel les mentalités ont beaucoup évolué, c'est bien celui de l'apprentissage de la propreté.

L'acquisition de la propreté a de tout temps et dans toutes les cultures, été une préoccupation des parents.

Le travail des psychanalystes a permis une meilleure compréhension du poids de l'affectivité dans l'apprentissage de la propreté, et les fabricants de changes complets ont suivi en facilitant la vie des jeunes parents. Ainsi, l'éducation de la propreté est-elle beaucoup mieux vécue aujourd'hui qu'hier par les tout-petits, et les pédiatres s'en félicitent. ■

Trois années pour devenir propre

A 3 ans, 8 enfants sur 10 le sont devenus.

Les parents d'aujourd'hui se veulent remarquablement patients et philosophes. Il est parfaitement accepté au plan familial et social que bébé ne soit pas propre jusqu'à sa troisième année. On propose même des changes complets qui s'enfilent comme des culottes, donnant l'impression d'un progrès même si l'enfant, déjà assez grand, ne maîtrise pas encore ses sphincters.

Cette douce philosophie est bénéfique dans la mesure où elle a évité bien des mauvais traitements. En évitant toute mesure coercitive, on a constaté, sur des milliers d'enfants, que la plupart deviennent propres aisément, soit spontanément en refusant un jour les couches, soit à la demande de leur mère ou de l'adulte qui s'occupe d'eux.

Les filles sont plus précoces que les garçons dans l'acquisition de la propreté.

La propreté de jour est acquise la plupart du temps à 28 mois ; celle de nuit à 36 mois. 8 enfants sur 10 demandent spontanément le pot entre 1 an et 2 ans $^1/_2$.

La plupart des enfants sont propres vers 3 ans, à l'âge de l'entrée à la maternelle où cette condition est généralement exigée pour l'inscription. Mais il reste ceux qui ont encore des accidents. Pourquoi ? Comment les aider ? Comment les préparer ?

La tentation de le gronder

Ne soyez pas impatients.

Reste le problème des 2 enfants sur 10 qui ne sont donc pas encore propres au moment de l'inscription à l'école maternelle. Et je vois alors la douce philosophie des parents commencer à se transformer en pression éducative. Même si vous avez voulu être adorables et bienveillants, vous ne pouvez vous empêcher de faire la morale, d'essayer de récompenser ou gronder, dans l'impatience où vous êtes de voir votre enfant abandonner ses couches, au moins la journée et entrer continent, en petite culotte, à l'école.

Je mettrai donc un petit bémol à l'optimisme régnant pour essayer de vous aider à ne pas faire d'erreur et à ne pas contrarier, blesser votre enfant, tout en lui donnant une bonne image de lui-même, grâce à une propreté acquise dans les temps normaux et avec un état psychique serein et joyeux. C'est donc le sens de ce qui va suivre. ■

Un peu d'anatomie pour comprendre

Un système très élaboré.

La vessie, comment ça marche ? La vessie est le réservoir qui permet de retenir l'urine pour ne la déverser qu'au bon endroit, au bon moment, avec le contrôle de la volonté. L'urine vient des reins. Les reins forment une paire d'organes en forme de haricots, situés dans l'abdomen, de chaque côté de la colonne vertébrale, à la hauteur des dernières côtes. Ils contiennent de petits canaux qui se réunissent dans une poche, sorte de petit bassin : le bassinet. Ici sont recueillis l'eau et les produits chimiques qui doivent être éliminés par les urines. Le liquide est ensuite évacué vers les uretères : conduits allant du bassinet à la vessie. La vessie est le réservoir qui recueille l'urine ; elle est fermée par un sphincter et ne s'ouvre que lors des mictions (vidange de la vessie). L'urètre est le petit tube qui permet l'écoulement de l'urine jusqu'à l'extérieur du corps, il chemine à travers la verge chez le garçon et la vulve chez la fille. Le petit trou que vous voyez au bout de l'urètre s'appelle le méat.

Le rectum est un réservoir intermittent des matières fécales, entre les évacuations. L'émission des selles est réglée par un circuit nerveux qui commande le sphincter du rectum.

L'anus, partie terminale du rectum, est un canal cerclé d'un anneau de muscles, le sphincter anal, qui contrôle l'émission des matières fécales. Le canal anal est recouvert par une muqueuse très riche en vaisseaux, c'est pourquoi on l'utilise pour faire pénétrer des médicaments, comme les suppositoires. Nous verrons plus loin les contre-indications qui peuvent exister à cet usage.

Quel est le rôle des sphincters ?

Un rôle essentiel pour une prise de contrôle progressive.

Le nourrisson ne peut pas de façon consciente bloquer son sphincter car son système moteur est encore immature.

Pour contrôler ses sphincters, l'enfant doit à la fois avoir accompli :

- Sa maturation neuromusculaire : il doit pouvoir ouvrir ou fermer de façon consciente et volontaire.
- Sa maturation intellectuelle : il lui faut comprendre ce qu'est "se retenir" ou "évacuer" la selle ou l'urine, et quel est "le bon endroit" ;
- Sa maturation affective : il lui faut désirer ainsi faire plaisir à sa mère, ou à sa nounou…

Pour contrôler le sphincter vésical et le sphincter anal, et donc devenir propre, il faut que le système nerveux effectue plusieurs opérations : l'enfant doit d'abord percevoir que sa vessie ou son rectum sont distendus. Pour cela, des fibres nerveuses dites sensitives enregistrent la sensation, par exemple au niveau de la vessie. Le courant remonte alors le long du système nerveux sensitif

A la source

La quantité d'urine émise par l'enfant dépend de plusieurs facteurs : ● la quantité de liquide qu'il boit, ● la quantité de sel ou de sucre qu'il a à diluer, ● une hormone sécrétée par la glande hypophyse, située à la base de son cerveau, peut diminuer la quantité d'urine émise : c'est l'hormone antidiurétique. Il est important de la connaître, car vous verrez que nous pourrons nous en servir lors des incontinences urinaires de l'enfant plus grand.

jusqu'au cerveau et là, le message est transmis au système nerveux moteur d'où il redescend pour aboutir au sphincter. Le sphincter reçoit alors l'ordre de s'ouvrir et, soit les urines, soit les selles, selon le départ du message sensitif, sont émises.

Un consensus s'est établi pour une attitude tolérante proposant d'attendre les différentes maturations et l'envie personnelle de l'enfant d'aller sur le pot. 80 % des enfants deviennent ainsi propres spontanément. C'est au plus tard vers 4 ans qu'ils se retirent pour aller aux toilettes, revendiquant leur intimité. ■

Votre enfant est-il prêt pour la propreté ?

Différents critères ont été proposés par les pédiatres et les psychanalystes, de Benjamin Spock à Françoise Dolto : • votre enfant arrive à commander parfaitement ses membres inférieurs, • non seulement il peut marcher tout seul, sans appui, debout, • mais il est aussi capable de monter et descendre un escabeau jusqu'à la dernière marche.

Ainsi vous êtes sûrs que votre enfant est mûr sur le plan de sa maturation neuromusculaire.

Il faut également qu'il ait acquis la maturation intellectuelle pour comprendre ce que l'on attend de lui : • votre enfant aime jouer à placer des objets dans un récipient, • votre enfant vous imite de plus en plus dans ses jeux, • il offre à son père ou à tout visiteur qu'il trouve sympathique ses jouets, quitte à les reprendre ensuite, • il est fier de ses acquisitions et aime être félicité.

L'ensemble de ces critères est obtenu chez la plupart des enfants à l'âge de deux ans, au plus tard vers deux ans et demi. Nous allons voir plus loin comment accompagner cette évolution lorsqu'il est mûr. Il deviendra alors propre en toute simplicité. Et nous verrons quel comportement avoir si l'évolution de votre enfant ne suit pas naturellement ce schéma.

Quand ses organes ont de petits défauts

Des maladies obstacles à la propreté.

Les anomalies du tube digestif provoquant une impossibilité de contrôler l'émission des selles sont rares : malformation du canal anal, maladie du côlon.

• **L'infection urinaire** est l'une des maladies les plus fréquentes à provoquer des mictions incontrôlables. Le jeune enfant ne sait pas se plaindre de ces brûlures que les adultes appellent cystites. Aussi fera-t-on systématiquement une analyse d'urine. Il suffit de tremper une bandelette réactive pour le dépistage des nitrites. Si ce test est positif, une analyse est effectuée après prélèvement stérile au laboratoire. C'est l'examen cyto-bactériologique des urines ou ECBU *(voir encadré).*

• **L'anomalie des voies urinaires** se signale souvent par une tendance aux infections. C'est pourquoi, devant une infection urinaire récidivante, les examens des voies urinaires supérieures s'imposent : l'échographie peut montrer, par exemple, des uretères ou des bassinets distendus ;

L'ECBU décodé

L'examen cyto-bactériologique des urines consiste à compter au microscope le nombre de globules blancs (un nombre élevé de globules blancs abîmés est en faveur d'une infection) ; le nombre de globules rouges (une infection urinaire peut entraîner des saignements, rarement visibles à l'œil nu) ; et le nombre des bactéries, souvent visibles dès l'examen direct au microscope. La mise des urines en culture permettra de tester la résistance des microbes aux principaux antibiotiques et d'orienter le traitement.

Le trouble de la commande nerveuse du sphincter vésical relève, parfois, de maladies rares du système nerveux.

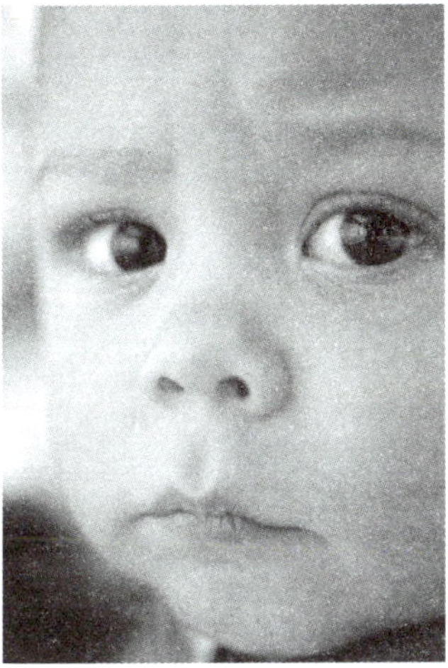

la cystographie peut montrer un reflux (une remontée) de l'urine dans les uretères au moment où la vessie devrait se vider. Cette remontée est due à une immaturité du clapet qui ferme normalement le bas des uretères. Ce reflux nécessite de traiter l'infection, et parfois de recourir à un geste chirurgical. D'autres anomalies des voies urinaires supérieures peuvent être recherchées par des examens radiologiques plus complexes.

● **Le diabète** peut également être cause d'impossibilité de contrôler l'émission des urines : celles-ci sont alors très abondantes pour diluer le sucre en excès à éliminer. Là aussi, le trempage d'une bandelette dans quelques gouttes d'urine permet immédiatement de vérifier la présence de sucre.

L'ensemble de ces maladies sera rapidement éliminé par votre médecin. Le plus souvent, si votre enfant présente un retard à l'acquisition de la propreté, la cause en est éducative et psychologique, comme nous allons le voir plus loin. ■

Ce que perçoit le fœtus

Il fait déjà pipi dans la poche amniotique.

Tel un petit dauphin, l'embryon flotte en apesanteur dans une poche gonflée de liquide, qui est continuellement renouvelé. L'eau est absorbée par les membranes qui entourent cette chambre aquatique et avalée à grandes gorgées par le fœtus. Ses reins la déversent à nouveau, en urine, dans la poche des eaux.

Autour de l'âge de 30 semaines, les échographies mettent bien en évidence les testicules avec la verge du futur garçon, ou le sexe bombé de la fille avec ses petites lèvres.

Cet échange permanent garantit à chaque instant la stabilité du volume. La quantité de liquide atteint deux litres à la fin de la grossesse. Cette poche est un petit scaphandre confortable permettant que l'embryon, puis le fœtus, soit toujours bercé en douceur dans un univers calme et fluide. Il peut ainsi glisser mollement dans l'eau et se mouvoir avec la légèreté d'un poisson. La poche liquidienne le protège en amortissant les chocs que pourraient provoquer les mouvements brutaux de la maman.

Ce paradis aquatique s'est développé dans la cavité utérine lors de la troisième semaine de la grossesse. Dès ces premières semaines, bébé fait pipi lorsque sa vessie est pleine, dans le liquide amniotique. Les techniques par Doppler couleur mettent en évidence le petit jet d'urine jaillissant du méat (l'orifice urinaire) et tourbillonnant en s'écoulant dans le liquide amniotique. Le bon équilibre entre la production du liquide et son absorption

Le fœtus ressent-il la miction ?

Probablement. On a longtemps cru que le fœtus n'avait pas de facultés perceptives. Aujourd'hui on a prouvé :

- qu'il avait des perceptions auditives dès le cinquième mois de la grossesse,
- qu'il pouvait voir la lumière dès le sixième mois,
- et qu'il pouvait sentir la douleur dès le septième mois de grossesse.

Il est donc probable qu'il perçoit la tension de sa vessie et la sortie de l'urine, mais ceci n'a pas encore été prouvé. Personne ne s'est intéressé à la sensibilité de l'urètre !

est un signe de bon fonctionnement des reins du fœtus.

A la douzième semaine apparaît le pénis, suivi, deux semaines plus tard, par le gland et le prépuce. Il arrive alors que se produisent des érections. Les organes féminins se développent à la même date, avec le clitoris, son capuchon et les petites lèvres puis, à la treizième semaine, les grandes lèvres. Entre la quatorzième et la quinzième semaine, l'échographiste reconnaît avec certitude la nature du sexe. Comme le dit Rodolphe Gomberg* : *« Ni Jules Verne, ni Léonard de Vinci, ni même Freud, en leur temps, n'avaient imaginé que l'enfant urinait dans le ventre de sa mère. Et pourtant, il fait bel et bien pipi »*.

On peut aussi voir la petite fille faire pipi. Les reins sont parmi les premiers organes à accomplir leur mission dès le début de la grossesse car ils sont indispensables à l'équilibre liquidien dans la poche qui protège l'embryon. Pendant les premières semaines, chez l'embryon, rectum et vessie forment une poche commune : le cloaque, issu du même organe. La vessie ne sera séparée de la fin de l'intestin (le rectum) qu'à partir du deuxième mois. Aussi la maturité de leur commande nerveuse sera contemporaine dans le développement de l'enfant.

Et si la propreté urinaire et la propreté des selles sont loin d'être toujours acquises de façon synchrone, cela relèvera plus de raisons psychologiques que de raisons physiologiques. ■

Ce que ressent le nouveau-né

Il se sent faire pipi !

Lorsque nous déshabillons le bébé, j'ai noté que, pendant l'examen, j'avais le réflexe, à certain moment, de me protéger d'un petit jet d'urine, préventivement ; comme si moi-même je pouvais devancer l'émission des urines par le bébé. Et j'ai compris qu'au bout de 30 ans d'exercice continu de la pédiatrie, j'en étais arrivée à deviner quand le bébé allait émettre ses urines sans même y réfléchir, juste à l'expression de son visage.

Tout petit, dès ses premiers jours, en effet, bébé s'immobilise, son expression se fige, il guette sa miction. J'en conclus qu'il perçoit déjà la notion de vessie pleine et qu'il anticipe sur le fait qu'il va sentir l'urine couler. Cette observation sera très importante pour mieux l'accompagner dans l'acquisition de la propreté. ■

Le réflexe-fraîcheur

Lorsqu'une maman vient me présenter son nouveau-né, il est très fréquent qu'une fois déshabillé sur le lit d'examen, ou bien posé sur le pèse-bébé, le bébé fasse un grand jet d'urine. Alors la mère me demande de l'excuser, toute confuse. Mais ceci est tout à fait normal et habituel. On peut parler de réflexe-fraîcheur : il suffit que le bébé soit déshabillé pour que l'arrivée d'un contact frais contre la peau de ses petites fesses déclenche l'envie d'uriner. Nous voyons là une amorce de boucle réflexe qui conditionne l'émission des urines.

Bien plus qu'une question d'hygiène

Un dialogue entre la mère et son bébé.

Le bébé envoie des messages à sa mère dès sa naissance, et même sans doute avant. Selon le tempérament du nourrisson et la réceptivité de la mère, les informations sont plus ou moins signifiantes, et les réponses plus ou moins accordées. Un message entraîne une réponse, entraînant en retour un signe du bébé qui provoque une réaction chez la maman…

Cette spirale des interactions a été bien étudiée par l'Ecole de Bobigny et les Professeurs Lebovici et Mazet. L'acquisition de la propreté en offre une excellente illustration. ■

Un exemple vietnamien

Voici comment fonctionne la "spirale" entre Ti-Nam, une mère vietnamienne, et son bébé :

- La mère porte bébé sur son dos
- Bébé envoie des stimuli, se trémousse
- Ti-Nam perçoit les stimuli. Elle répond en s'accroupissant avec le bébé et le met face à elle. C'est l'occasion d'un babil du bébé, d'échanges de regards. La mère bruite : "psi-psi-psi"
- Bébé écoute les bruits émis par la mère. Il s'immobilise et urine
- Elle le retourne en portage au dos.

A mesure que la spirale se ritualise, les stimuli envoyés par le bébé sont de plus en plus précis et pertinents.

Les "bébés nature" plus précoces

La propreté sans couches.

L'éducation sphinctérienne de nos enfants "pampérisés" se fait différemment de celle des petits Chinois ou des petits Africains. La communication sensorielle précoce des bébés vivant peau à peau avec leur maman favorise l'ensemble des apprentissages et pas seulement celui de la propreté.

Chez les Indiens Sioux, « les parents ignorent le comportement sphinctérien et laissent aux enfants plus âgés le soin de conduire le bébé qui commence à marcher derrière les buissons » (Erikson E., *Enfance et Société*).

Quand bébé vit porté peau à peau, il est instructif d'observer l'acquisition de la propreté dans des conditions naturelles, hors de tout apport de la civilisation : sans sol salissable, sans change complet, sans salopette indéboutonnable, sans bottines de cuir précieux, et sans pot de chambre... Oui, le bébé "nature" n'a pas été pourvu de tous ces matériaux. Comment devient-il continent dans ces conditions ? J'en ai eu mille fois la vision, pendant mon enfance exotique, sous les bananiers du Viêt-nam et les cocotiers d'Océanie, puis par ma pratique pédiatrique dans le Pacifique. Les femmes asiatiques portent leur bébé dans un linge noué au dos ou sur leurs hanches. Le bébé n'a pas de couche. Dans ces conditions, on imagine que la mère n'est pas enchantée lorsque bébé mouille et souille le châle, jusqu'à transpercer la tunique maternelle. Mais grâce au portage continu de son bébé dès les premiers jours, elle perçoit ce que je vous ai expliqué

L'éducation sphinctérienne de nos enfants "pampérisés" se fait de façon différente de celle des petits Chinois ou des petits Africains. La communication sensorielle précoce des bébés vivant peau à peau avec leur maman favorise l'ensemble des apprentissages et pas seulement celui de la propreté.

moi-même lorsque j'examine les bébés *(voir page 17)* : le changement de comportement du nourrisson qui sent le besoin d'uriner. Celui-ci s'agite d'abord, se tortille, se trémousse, puis se fige avant de relâcher ses sphincters. La mère qui vit dans une telle fusion corporelle avec son bébé peut anticiper, dénouer le châle et prendre l'enfant sur ses jambes. Elle s'accroupit, assoit le nourrisson sur ses genoux devant elle en ayant relevé son pantalon de satin noir, et elle accompagne la miction du bébé d'un petit bruit sifflant.

Lorsque le bébé a fini, elle se relève et l'installe à nouveau dans son châle. Ainsi se crée une synergie entre les perceptions du nourrisson et les réponses motrices maternelles. Le bébé perçoit, son comportement avertit la mère, mais il ne peut pas commander son sphincter. Seule elle peut basculer le bébé, le mettre en position et signaler qu'ensemble, vraiment ensemble, "ils font pipi". De même pour la selle.

Cette synergie permet à l'enfant de réaliser très précocement la signification de ses perceptions internes. Il fait la relation entre vessie pleine, position à prendre, sphincter qui se relâche et sensation d'urine qui coule, certainement beaucoup plus tôt que nos enfants emmaillotés et changés à des moments non synchrones avec les émissions. Ainsi les mères africaines semblent détecter les besoins naturels de leurs bébés aux signaux les plus ténus. A leur manière de gigoter, elles saisissent le message et les des-

cendent de leur dos en un tour de main pour les asseoir sur leurs chevilles. Si un accident survient, la mère s'en montre honteuse, c'est son affaire autant que celle de son bébé.

Même le bébé des régions polaires vit nu sous les fourrures de sa mère. Il est niché dans la tiédeur du manteau, tout nu contre la peau maternelle. L'ampleur de l'anorak permet à la mère de faire passer bébé de son dos à son sein pour le nourrir, et à ses cuisses pour l'aider à se vider. Ils y perdent certainement en hygiène mais y gagnent en complicité corporelle. Ainsi vit-il ses premières semaines, niché dans le vêtement de sa mère tout nu, bien au chaud contre sa peau.

Une complicité aussi olfactive

Même si les bébés longtemps nourris exclusivement de lait maternel n'ont que de petites selles de lait peu odorantes, leurs mères sont préoccupées par les senteurs qui pourraient s'ensuivre. Elles se parfument et parfument leur linge avec des épices, laurier rose, cumin, benjoin, safran… offrant une protection odorante. Ainsi le nourrisson est-il accoutumé dès ses premiers jours à l'univers olfactif qui sera le sien pendant toute sa vie. Mon idée n'est certainement pas de citer ces coutumes comme exemple d'hygiène, mais simplement de montrer comment, pour nos enfants vivant toute la journée en changes complets et vêtements difficiles à ouvrir, percevoir le fonctionnement de leurs sphincters demandera un apprentissage réel.

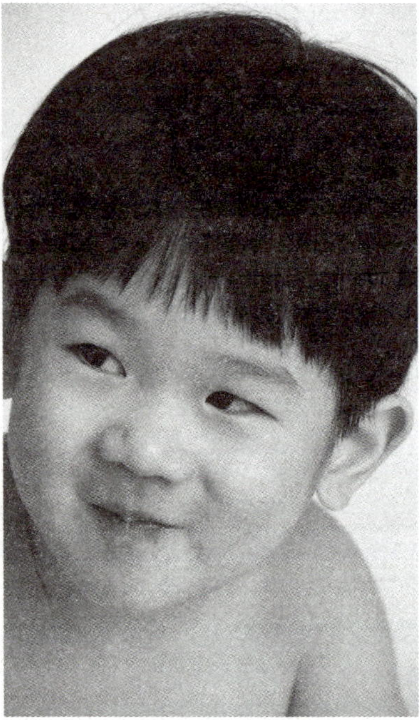

Les peuples de Sibérie choisissent des peaux de lièvre ou d'une espèce d'écureuil dont la fourrure ne moisit pas lorsqu'elle est trempée. Pas question de prendre une peau de phoque qui, une fois usée, peut durcir et devenir blessante pour le bébé ! Les nourrissons vivent ensuite dans des combinaisons de fourrure, qui sont ouvertes aux fesses, une couche de cuir fourrée de mousse permettant de les changer sans les déshabiller. ■

Le peuple à culotte fendue

En Chine, les culottes sont fendues, permettant au jeune enfant de faire ses besoins sans salir ses vêtements. Ainsi peut-on le changer facilement et quand il devient propre, il peut s'accroupir ; un coup de balai nettoiera les excréments. Ainsi a-t-on pu appeler ce peuple, le « peuple à culotte fendue ». Ensuite, lorsque l'enfant grandit, les culottes ouvertes lui permettent de faire ses besoins sans salir ses vêtements. Ces "culottes courant d'air" sont très utilisées en Chine, mais aussi dans de nombreuses populations sibériennes et chez les Inuits (voir le livre *Bébés du Monde*, Éditions de La Martinière, p.124).

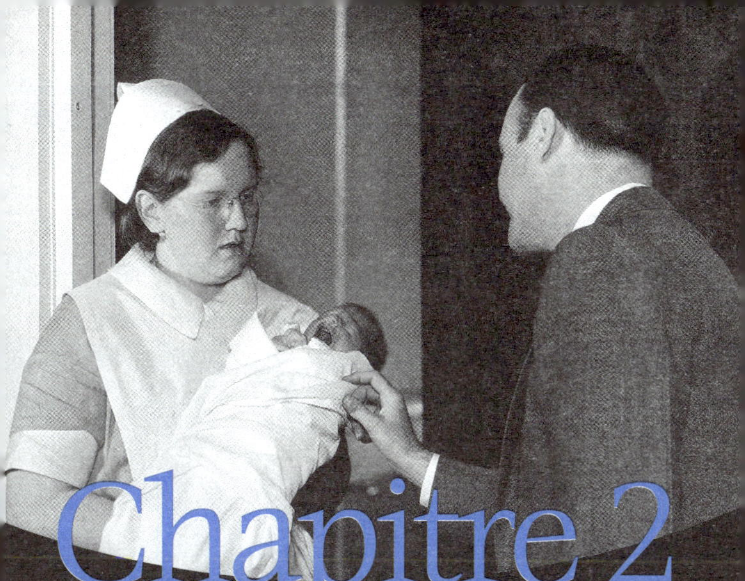

Chapitre 2

La révolution des couches jetables

Libérez les bébés !

La fin progressive de l'emmaillotage.

Si vous aviez été la maman de César, après avoir lavé votre nouveau-né, on vous l'aurait enroulé dans des bandelettes de la tête aux pieds. Au XVIIe siècle, le maillot devint une véritable carapace. Le bébé était enserré comme un petit paquet bien ficelé dans ses bandes. Louis XIII n'a pris son premier bain qu'à l'âge de 7 ans.

Aristote opposait les peuples qui emmaillotaient leurs bébés, les préparant à devenir des guerriers valeureux, à ceux qui ne pratiquaient pas le maillot où les enfants dégénéraient en adultes poltrons…

C'est seulement vers la fin du XVIIIe siècle que les médecins commencent à conseiller de laver les bébés de temps en temps et de changer les linges qui servent de couches dès qu'ils sont souillés. Le philosophe Jean-Jacques Rousseau est le premier à préconiser ouvertement de changer nos mœurs : « les pays où l'on emmaillote les enfants sont ceux qui fourmillent de bossus, de boiteux, de cagneux, de noués, de rachitiques, de gens contrefaits de toutes espèces » (*L'Emile*).

Changes et échanges

Changer bébé, ce n'est pas seulement une question d'hygiène. C'est l'occasion d'un échange affectif avec le nourrisson. Voilà pourquoi "l'art d'accommoder les bébés" a été l'objet de tant de recherches, de tant de transmissions d'une génération à l'autre… Aussi loin que l'on remonte dans l'histoire, on trouve des conseils donnés aux parents pour le change des bébés. Ces conseils reflètent à la fois les notions d'hygiène de l'époque, mais aussi les rapports affectifs entre les nourrissons et les adultes. Ils expriment aussi la place du nourrisson dans la société à chaque époque.

Mais il faut attendre la fin du XIXe siècle pour que les Anglais fassent entrer ces préceptes en pratique : ils sont les premiers à enlever ces bandes qui enserrent l'enfant les jambes tendues, pour utiliser une simple couche laissant les bras et les jambes libres. On commence alors à supprimer cet emmaillotement très contraignant et l'on délivre l'enfant de ses entraves. La méthode anglaise est beaucoup plus libérale et respecte le développement, aussi bien osseux que psychomoteur, d'un nourrisson libre de ses mouvements et pouvant percevoir et acquérir plus vite la maîtrise de son corps.

La révolution du jetable

La couche-culotte est inventée en 1957.

Les conseils des médecins ne commencent à entrer en pratique qu'au XXe siècle, avec l'arrivée des réchauds à gaz permettant de donner un bain chaud au nourrisson. Les mesures nouvelles d'hygiène ont, petit à petit, exigé une layette adaptée. Au début du XIXe siècle, elle comprenait au minimum 6 dizaines de couches pour pouvoir changer régulièrement bébé, et (enfin !) laver les couches.

Entre sa naissance et 2 ans, un bébé a besoin, en moyenne, de 3 800 couches.

Un premier système anti-fuite a consisté en un lange supplémentaire fait de soie huilée qui n'était pas très efficace, puis en culottes de caoutchouc, vite suspectées de favoriser la fermentation des urines et les érythèmes fessiers. C'est en 1957 que Vic Mills, ingénieur chez Procter et Gamble, invente la couche-culotte. Il s'agissait au

La France a été assez longue à abandonner l'emmaillotage. Il y a 30 ans, les sages-femmes ou puéricultrices enseignaient encore comment mettre le lange de laine en enserrant les jambes droites ! Il fallut que les pédiatres prouvent l'effet nocif de cette pratique, en particulier pour les hanches du nourrisson, pour qu'on l'abandonne !

début d'une couche de cellulose insérée dans une culotte de plastique. Essayée sur les bébés de Dallas où il fait très chaud, elle a tout de suite été accusée d'irriter les fesses des bébés.

Une nouvelle couche-culotte est mise au point en 1960. Elle est testée sur les bébés de Rochester. Un sondage auprès des mères montre que leurs attentes portent sur quatre points. La couche-culotte doit ainsi : • être absorbante • laisser la peau au sec le plus possible • éviter les fuites • être parfaitement ajustée.
C'est en 1969 que la couche-culotte est appelée "Pampers" (Câlin), mais il fallut réussir à la fabriquer à un prix abordable pour qu'elle puisse être distribuée dans tous les Etats-Unis en 1970. Depuis 1980, le change jetable est utilisé par les mamans du monde entier, et plusieurs marques rivalisent pour apporter le change complet le plus absorbant, le plus anti-fuite, le plus confortable pour les progrès de bébé.

Cette révolution des couches jetables a permis une bien meilleure santé de la peau et une raréfaction considérable des rougeurs des fesses chez les nourrissons. On ne peut donc que saluer ce grand progrès. ■

Les vêtements, eux aussi, s'adaptent

En même temps que les couches jetables, sont apparus les barboteuses permettant de changer facilement le bébé. C'est à la fin des années 50 que naît aux Etats-Unis (il faut vraiment saluer la créativité et le sens pratique des Américains !) un vêtement extraordinaire : le Babygros. En éponge élastique, aisément lavable et séchable, il est muni de boutons-pression facilitant le change.

Des recettes folkloriques

Cendres de bois, jaunes d'œufs…

Il fallut attendre la fin du XIXe siècle pour que les travaux de Pasteur fassent comprendre le rôle des microbes dans les maladies de la peau et l'importance d'une bonne hygiène.

Le souci de vivre proprement avec un bébé a hanté toutes les cultures. Sylvie Heslot, ethnologue et persanophone, raconte comment les parents afghans ont inventé un système ingénieux, emmaillotant leur bébé autour d'un petit tuyau de bois servant à recueillir l'urine, sorte de petit urinoir (*Bébés du Monde*, par Béatrice Fontanel et Claire d'Harcourt). Parfois la mère se servait de peaux lorsqu'elle n'avait pas sous la main les mousses qui servaient habituellement à le nettoyer.

Pour traiter les petites fesses irritées, chacun avait sa recette. Au Yémen, les maillots furent longtemps garnis de plantes mucilagineuses. Les parents lapons bourraient le berceau de sphaignes, ces mousses qui prolifèrent dans les marécages. Dans bien des contrées, les bouses du cheptel servaient de couche à l'enfant ; des crottes de chameau séchées et finement pilées sont supposées éviter aux bébés d'avoir les fesses irritées !

Jusqu'aux années 50, les produits de cuisine eurent la cote : beurre frais, jaune d'œuf, huile ou alcool. En 1943, on peut lire dans un manuel de puériculture : « Le savon est rare, mais il existe de bons produits de remplacement ; à la campagne servez-vous de cendres de bois » (*L'épopée des bébés*, Editions de La Martinière). ■

Grand-mère n'avait pas toujours raison...

Du dressage plus que de l'éducation.

Une discipline de fer fut longtemps préconisée. On conseillait de mettre le bébé sur une chaise percée tous les jours après son repas, en exigeant de lui qu'il ait fait ses selles avant de l'autoriser à jouer ou à manger à nouveau. A la fin du XVIIe siècle apparurent des petites chaises pour nourrissons avec un trou au milieu pour placer le pot de chambre. On retrouve même certains modèles permettant de mettre une brique chaude dans le dossier pour que les bébés, les fesses à l'air pendant des moments parfois très longs, ne prennent pas froid...

En 1921, le Docteur Pouliot, l'un des premiers médecins à avoir publié ses conseils aux parents, recommandait un "dressage" très précoce. Le bébé devait être mis sur le pot dès 3 ou 4 mois, à heure fixe. Il y a encore deux générations, cette attitude rigide était de rigueur. On espérait créer des réflexes conditionnés entre la mise au pot régulière et l'écoulement de l'urine ou l'émission des

Les grands-mères l'ont dit :

- Arrête de cacouiller dans ma cuisine.
- Pipi, les dents et au lit !
- On ne dit pas de gros mots.
- Pleure, tu pisseras moins !

et Françoise Dolto :

- C'est vraiment dommage de perdre tant de temps avec le pot de chambre.

selles, pour que le nourrisson puisse devenir propre dès ses premières semaines. Et l'on donnait des conseils pour faciliter l'évacuation en cas de constipation chez ces pauvres bébés. Il y eut même des fauteuils avec sangles permettant d'attacher l'enfant jusqu'à ce qu'il ait émis ce qu'il fallait dans son pot !

Sans utiliser ces contraintes barbares, vous constaterez en interrogeant vos grands-mères qu'il était tout à fait courant d'habituer un bébé à rester sur le pot dès qu'il tenait bien assis, entre 8 et 10 mois. On obtenait ainsi un résultat passif, surtout pour les selles qui sont évacuées selon un horaire précis, en général juste après un repas ; la mère montrait alors sa satisfaction. Elle devenait plus exigeante après l'âge d'un an. Le lavage à la main des couches de coton, des culottes et des salopettes l'incitait à une certaine pression éducative et l'on a montré combien les adultes, lorsqu'ils sont névrosés, atteints de problèmes graves dans leur organisation psychique, trouvent là un terrain d'élection pour toutes les représailles et humiliations imaginables.

S'installent alors des rapports de punition ou récompense, d'expressions de dégoût et de répulsion qui culpabilisent le petit enfant et l'entraînent à refouler ses sensations naturelles. La voie est alors ouverte aux difficultés relationnelles autour de la propreté, l'enfant se cachant, ayant honte lorsqu'il ne réussit pas à être propre. Des relations sadiques de la part d'adultes, nourrices, ou même parents, firent mal-

● « Laver, laver ta tête, Que Seigneur tu sois ; Laver, laver tes reins Un préfet tu deviendras ; Laver, laver tes fesses, sous-préfet tu seras ! »

● « Sur ton derrière le miroir a lui, Fais tes besoins le jour, sois propre la nuit ».

Psalmodies des accoucheuses chinoises (Bébés du Monde)

heureusement le vivier d'individus perturbés dans leurs comportements sociaux, conjugaux et parentaux… comme Freud l'analysa si bien ensuite.

Le travail des psychanalystes a donc permis de révéler combien on pouvait traumatiser un enfant en le culpabilisant, en exigeant une réussite quant à la propreté alors qu'il n'y est pas prêt, ni physiologiquement, ni intellectuellement, ni affectivement.

Un enfant "dressé" très tôt à être propre peut avoir secondairement des difficultés psychologiques. Il risque, par exemple, d'être constipé, coléreux, obsessionnel… Grâce aux observations de Freud et à leur influence sur les conseils des pédiatres et des psychanalystes, les parents se sont montrés plus tolérants quant à l'éducation sphinctérienne de leur enfant. Nombre d'occasions, prétextes à mauvais traitements, ont ainsi pu être évitées.

La maturité neurologique des sphincters n'est prête que vers 16, 18 ou 24 mois selon les enfants. Il est inutile de demander la propreté à un nourrisson qui n'a pas accompli sa maturation neuro-musculaire, n'a pas compris au plan intellectuel et n'a pas accepté au plan affectif. L'ensemble de ces acquisitions est généralement synchrone au cours de la deuxième année, le plus souvent vers deux ans. Aujourd'hui, les pédiatres français comme américains préconisent donc d'attendre la deuxième année pour mettre en place les conditions qui permettront à votre enfant de devenir propre. ■

Vive les changes complets !

Un véritable progrès.

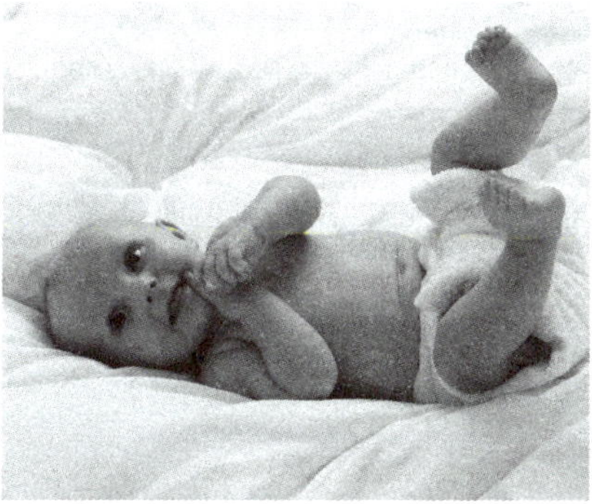

En même temps que les éducateurs exhortaient les parents à la tolérance, l'industrie leur a proposé des produits de plus en plus performants, les changes complets. Inestimable progrès concernant l'hygiène, invite précieuse au respect de l'enfant sur le plan psychologique, les changes complets demandent parfois aux parents une nouvelle approche pour aider bébé à devenir propre.

Les changes complets rendent les parents patients : en effet, au moment où les psychanalystes et les pédiatres expliquaient aux parents qu'il fallait attendre une triple maturité neurolo-

Garçon ou fille ?

On a pendant un certain temps essayé de faire des couches spéciales : "pour garçons" dont la matière absorbante était concentrée à l'avant et "pour filles", dont la matière se trouvait plutôt répartie au centre. Mais on est revenu à des couches mixtes plus pratiques pour les deux sexes.

gique, intellectuelle et affective pour espérer que l'enfant devienne propre, les changes complets ont considérablement simplifié le problème.

La pudeur qu'entraîne le change complet est évidemment un bien si l'on pense à ces parents, nourrices, grands-parents ou beaux-pères pervers qui prenaient prétexte du mauvais contrôle sphinctérien pour persécuter les enfants : on ne peut que se réjouir de l'occultation de la question ! Tant d'enfances ont été marquées par ces comportements familiaux que les pédiatres incitent les parents et les autres partenaires de l'éducation à un respect de la maturation spontanée de l'enfant en ce qui concerne le contrôle des sphincters. On en est donc venu à plus de patience et de tolérance. Pour le grand bien de nos enfants. ■

Anatomie d'une couche

Une couche comporte un double matelas absorbant, dont la matière est constituée de micro-capteurs permettant d'absorber une quantité importante d'urine. Un voile de contact recouvre ce double matelas. Ce voile est recouvert d'une substance hydrophobe qui laisse passer les liquides mais permet de garder la peau de bébé au sec. Des barrières latérales à l'intérieur du change empêchent les fuites sur le côté. Des adhésifs autocollants ou auto-agrippants permettent de fermer et d'ouvrir le change. Je vous conseille de les replier sur eux mêmes lorsque vous voulez réutiliser la couche. Située à l'avant de la taille, une bande confort plastifiée, souvent décorée, permet de repositionner rapidement les adhésifs. Une ceinture anti-fuite protège l'arrière ; elle enserre parfaitement la taille de votre bébé. Autour des cuisses, les élastiques multi-fronces ajustent le change sans blesser la peau du bébé.

La peau de l'enfant respire mieux

Bénéfique pour bébé, pratique pour maman.

Pour tout déplacement avec bébé, emportez une couche propre et des lingettes.

Entre la couche de cellulose absorbant l'urine et la peau, un voile hydrophobe est interposé. Faisant fuir l'humidité, il permet aux petites fesses de rester presque complètement sèches. Quant à la couche de cellulose, elle est de plus en plus absorbante. J'en ai fréquemment la preuve : en consultation de pédiatrie, j'ai besoin de temps en temps de faire des analyses d'urine, en pressant une couche pour y tremper une petite bandelette de papier réactif. Avec les nouveaux changes complets, impossible de recueillir de l'urine : la nouvelle matière cellulosique est si absorbante qu'elle ne laisse par ressortir l'eau, même par essorage !

Contrairement à ce que pensent les grands-mères, il ne faut pas vous priver de l'usage des changes complets jetables, beaucoup plus hygiéniques et confortables au siège de bébé que les couches en coton qu'il fallait se donner le mal de laver. ■

Préférables aux couches coton

Les couches à jeter ne favorisent pas, malgré leur caractère imperméable et l'occlusion ainsi réalisée, la macération et la pullulation microbienne, donc l'irritation. A condition que les changes soient fréquents. Mon expérience m'a montré que les érythèmes fessiers sont beaucoup plus rares depuis l'abandon des couches coton.

Bébé pas mécontent

Des parents plus libéraux.

Les parents d'aujourd'hui se veulent libéraux. Ils se comportent de façon tolérante en matière d'apprentissage de la propreté.
Ils pensent en général qu'il faut laisser faire la nature en ce qui concerne l'éducation des sphincters.

L'emballage permanent imperméable de nos bébés n'est, bien sûr, pas naturel. Il induit un nouveau mode d'éducation. Dans la nature, le bébé est, comme nous l'avons vu au chapitre 1, rapidement conscient de ses émissions : il perçoit la réplétion de ses organes, puis il voit l'humidité jaillissante de son urine, la sent couler sur sa peau ; il participe activement à l'émission de ses selles, en est impressionné, joue avec… Nous nous doutons dès lors (et observons) que l'utilisation des changes complets a des conséquences sur la stimulation des zones cutanées sensibles et sur l'éducation sphinctérienne des nourrissons d'aujourd'hui.

Ils ont l'avantage non seulement de se jeter, mais d'être imperméables : les urines et les selles ne salissent plus les vêtements. Toute la publicité est d'ailleurs basée sur leurs systèmes anti-fuite, merveilleuse découverte au plan domestique : bien moins de linge à laver, moquettes impeccables, sorties facilitées.

Avec la déambulation continuelle des bébés en change complet pendant leurs deux premières années, les parents d'aujourd'hui pensent n'introduire aucune intervention adulte dans l'apprentissage de la propreté, et laisser les étapes

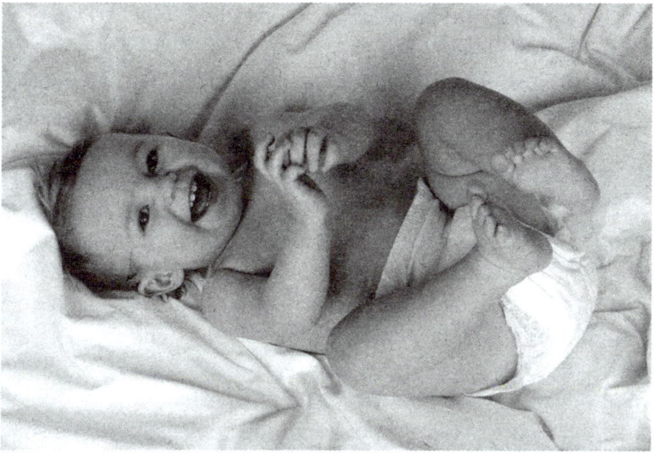

se faire naturellement. Il est intéressant de considérer combien l'usage des couches hermétiques a modifié la réception, par la mère et ses substituts, des signaux émis par le bébé.

Ses nouvelles sensations

La protection actuelle des nourrissons et des jeunes enfants concernant leurs selles et leurs urines n'est pas si neutre qu'il y paraît pour bébé : si l'on compare notre nourrisson en couche, body et salopette au petit Africain nu contre le dos de sa mère, nous pouvons nous demander quelles sensations perçoit notre bébé occidental, et quels signaux il peut adresser à sa mère.

- **Les fesses ne sont jamais longtemps au sec :** le nourrisson "emballé" a souvent les fesses et le pubis mouillé et tiède. Il émet géné-

L'usage des changes complets demande un plus grand respect et une meilleure connaissance des nouvelles sensations de bébé.

ralement ses urines par-dessus les urines précédentes, ou sur ses selles, et vit ainsi la plupart du temps. Même si vous, ou la nounou, êtes consciencieuse et le changez six fois par jour, c'est selon votre rythme à vous, et non pas juste après une émission.
Le bébé, puis le jeune enfant, vit donc une modification de la succession de stimulations naturelles des zones cutanées : peau sèche et fraîche, puis miction, puis peau chaude et humide ; ou peau sèche, puis émission.

- **Bébé vit "emballé" des heures** durant dans une douceur tiède continuelle, et ses sensations sont amorties.

- **Le rapport entre émission et contrôle des sphincters** est perçu sans véritable discontinuité par le bébé en change complet. L'émission des urines, immédiatement absorbées par la cellulose, est évanescente.

- **L'adulte ne sait pas quand bébé fait,** et ne peut donc interagir par des vocalises. C'est au moment du change que la mère s'exprime, en parlant, en commentant, en nettoyant. Pas au moment de l'émission. ■

Les avantages des couches actuelles

- Bébé bénéficie de remarquables progrès d'hygiène.
- Il ne se fait plus gronder sur un sujet aussi délicat que la propreté.
- Il peut bénéficier d'une approche tolérante mais éclairée des parents dans leur méthodes éducatives.

Chapitre 3

La séance de change, étape par étape

Parés pour le bain ?

De l'organisation avant tout.

Préparez tous les produits dont vous allez avoir besoin : • Un thermomètre de bain. • Un savon-gel "deux en un" (corps et cheveux) spécial pour bébé. La peau du nouveau-né est 5 fois plus fine que celle de l'adulte et son pH est différent ; aussi nécessite-t-elle des produits de toilette spécialement élaborés. C'est pourquoi les liquides lavants spéciaux pour bébé ont un pH particulier. Ils préviennent le dessèchement de la peau grâce à une formule hypoallergénique enrichie en agents qui hydratent l'épiderme. Ce sont des liquides très peu agressifs qui conviennent même aux cheveux très fins du nouveau-né. • Une grande serviette mise de préférence près du radiateur pour qu'elle soit bien chaude. • Du coton hydrophile. • Une couche propre.

Faites couler l'eau dans la petite baignoire de bébé avant de le déshabiller. L'eau du bain est à 37°C, la température de la pièce étant à 20, 22°C. ■

Le bain de bébé, c'est la fête !

Le bain du bébé est un moment renouvelé d'échanges et de manifestations de tendresse entre l'adulte et l'enfant. C'est une occasion exceptionnelle de contacts, de détente, d'échanges verbaux avec l'adulte et de roucoulades du bébé. C'est pourquoi il est si important de le donner vous-même, maman ou papa, et de bien choisir la nounou lorsque vous n'êtes pas disponibles. Le premier bain est toujours un moment très émouvant pour une maman. Les produits actuels vous le facilitent considérablement.

Le bain, pas à pas

Le même rituel chaque jour.

Commencez par poser bébé sur sa table à langer et par nettoyer son siège pour ne pas salir l'eau du bain. Pour cela, vous passez sur ses fesses un morceau de coton mouillé dans un mouvement d'avant en arrière.

Les premières semaines, le bain dure 5 minutes car bébé se refroidit vite. Lorsque vous choisissez l'heure du bain, essayez de respecter la même tous les jours pour rythmer la vie de bébé. Mais un changement de temps en temps n'est pas non plus impossible... Avant de prendre bébé, décrochez votre téléphone ou branchez votre répondeur afin de ne pas être dérangée. Si l'on venait à sonner à la porte, pas question de laisser bébé seul sur sa table à langer ni dans son bain. Même s'il est installé sur une petite chaise de bain, vous le prenez dans sa serviette, dans vos bras et allez ouvrir avec lui.

Les premiers jours, vous serez peut-être plus rassurée de savonner bébé sur son matelas à langer, ce qui vous paraîtra plus pratique que dans l'eau. Vous pratiquez un massage doux avec le gel lavant, sans oublier de bien passer dans les plis du cou, des aisselles, sur les fesses, les cuisses et les pieds.

Dans un troisième temps, sans vous éloigner de votre bébé, vous vous rincez les mains puis vous vérifiez la température du bain, au besoin avec votre coude, et plongez progressivement bébé dans l'eau en commençant par les pieds, une main sous la nuque et l'autre dans l'entre-jambes.

Dans un quatrième temps, vous lui versez une noisette de gel lavant sur la tête et massez

Si bébé s'est mis à pleurer, n'hésitez pas à interrompre le bain pour une petite tétée de consolation.

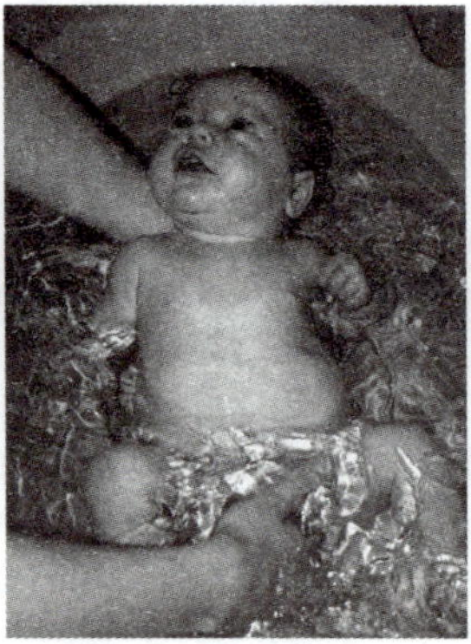

gentiment le cuir chevelu. Vous rincez avec le creux de la main en évitant de lui faire peur par l'eau qui coulerait sur son visage ; mais heureusement les gels lavants pour bébé ne piquent pas les yeux.

Vous sortez bébé du bain et l'enroulez rapidement dans la serviette tiède. Puis, vous le couchez sur le matelas à langer et l'essuyez en tamponnant bien les plis du cou, des aisselles, des cuisses et des fesses. Vous passez minutieusement un coin de serviette entre ses doigts de pieds et les doigts de ses mains.

Vous mettez la couche en vérifiant que les plis des fesses sont bien secs. D'une main vous attrapez ses chevilles, vous les soulevez délicatement et glissez la couche sous ses fesses. Vous pouvez maintenant la refermer. ■

Prenez votre temps !

- Profitez du bain et du séchage pour parler avec votre bébé, jouer avec lui.
- Ne le laissez jamais seul dans son bain ou sur sa table à langer.
- Si vous avez oublié quelque chose dans une autre pièce ou si quelqu'un sonne à la porte, allez-y avec votre bébé ou faites le surveiller par une autre personne.

Un moment de grande complicité

Un tête-à-tête renouvelé.

Le change est un moment de communication sensorielle intense. Le bébé face à vous sur la table à langer, vous pouvez jouer, rire, échanger par le regard, par des aller et retour de conversations sonores et gestuelles. Le change est un moment très révélateur de votre état psychologique. Une maman soucieuse ou, plus grave encore, déprimée, se livre de façon muette à la toilette de l'enfant. Or, le bébé comprend les silences comme les discours prolixes. Et il peut être affecté du vide relationnel avec une maman en dépression, ou même de l'agressivité exprimée par une maman débordée, une nounou énervée…

Vous baignez bébé une fois par jour, mais vous le changez, en moyenne, six à sept fois : soit avant la tétée s'il a tendance à régurgiter, soit après s'il est affamé. Chaque nourrisson a son rythme et vous saurez bien vite ce qui convient le mieux à votre bébé.

Le plaisir avec lequel certaines mamans me demandent des conseils pour la crème à appliquer sur le siège du nourrisson, révèle généralement le bonheur qu'elles ont de cette maternité. Appliquer une crème sur les petites fesses, les cuisses et les organes génitaux, c'est la forme occidentale du massage.

L'idéal pour changer votre bébé est de l'installer sur une table à langer. Elle permet de ranger tous les accessoires nécessaires et surtout d'avoir votre bébé à la bonne hauteur pour ne pas vous faire mal aux reins. Si vous n'avez pas de place pour une installation spéciale, placez un petit matelas

Dans tous les cas, ne laissez jamais bébé une seconde seul sur sa table à langer, il aurait vite fait de rouler sur lui-même et de tomber.

à langer sur un plan fixe, de préférence une table, évitez de changer bébé sur votre lit, ce qui vous ferait très vite mal au dos.

Avant de l'installer sur la table à langer pour le change, prévoyez tout ce dont vous allez avoir besoin : une cuvette d'eau, un gant propre, du savon, du coton ou bien des lingettes, une serviette éponge, une crème protectrice pour ses fesses et une couche.

- Repliez bien son body sur la poitrine. D'une main, vous attrapez ses pieds pour soulever ses petites fesses et, de l'autre, vous enlevez le plus gros des selles avec un coton mouillé, toujours de l'avant vers l'arrière.
- Avec un gant propre, de l'eau et du savon, ou bien avec une lingette spéciale pour bébé, vous nettoyez le bas du ventre, les plis de l'aine et des cuisses, en commençant par le devant et en terminant par les fesses. Si vous avez lavé avec du savon, vous rincez bien.
- Vous séchez ensuite avec une serviette éponge en tamponnant doucement le ventre, les plis et en enlevant toute trace d'humidité afin d'éviter les macérations.
- Le produit des lingettes n'a pas besoin d'être rincé ni essuyé. ■

La peau au microscope

Dans 3 cm^2 de peau, on trouve : ● 3 millions de cellules ● 15 glandes sébacées qui lubrifient la peau ● 100 à 300 glandes sudoripares qui fabriquent la sueur ● plus d'un mètre de vaisseaux sanguins (artères et veines) ● 25 récepteurs tactiles ● 200 terminaisons nerveuses sensibles à la douleur ● 2 récepteurs au froid ● 12 récepteurs à la chaleur.

Lingettes ou lait de toilette ?

Des vertus précieuses.

Le nettoyage au lait de toilette ou avec une lingette ne remplace pas le bain quotidien de bébé, bien sûr !

L'usage des lingettes n'est pas irritant pour la peau des nourrissons, les statistiques l'ont prouvé. Elles sont imprégnées d'une lotion qui nettoie la peau et contient un désinfectant non agressif. Elles diffusent parfois même une crème pour lubrifier et protéger sa peau. Certaines mamans préfèrent le lait de toilette, passé avec un morceau de coton. Ces laits sont des émulsions enrichies en agents adoucissants comme l'huile d'amande douce destinée à nettoyer la peau en douceur. Ils ne nécessitent pas de rinçage. ■

L'art de nettoyer bébé

- Si c'est une fille, pour bien nettoyer ses organes génitaux, écartez doucement les petites lèvres d'une main et de l'autre effleurez avec du coton humide, toujours de l'avant vers l'arrière. Ne soyez pas trop perfectionniste, car il s'agit de muqueuses.
- Si c'est un garçon, prenez un morceau de coton humide et nettoyez simplement l'extrémité du gland sans tirer sur le prépuce. En aucun cas, il ne faut décalotter en force l'enfant et lui faire mal.
- Vous allez ensuite appliquer une crème pour faire écran contre les selles. Vous l'étalez avec un doigt de l'avant vers l'arrière.
- Vous essuyez bien vos mains pour ôter toute trace de crème avant de poser la couche à plat sous les fesses de votre bébé, le motif vers l'avant. Vous repliez le bandeau de la ceinture dans le dos et de la même façon sur le ventre. Ajustez bien la couche à sa taille, sans trop serrer, puis collez les adhésifs ou fixez les scratch.

Fille ou garçon, les bons gestes

Les mamans souvent intriguées.

Bien nettoyer le siège de votre enfant passe par la toilette du sexe, qui préoccupe la plupart des mères. Plus encore lorsqu'il s'agit d'un petit garçon. Car faire la toilette d'un bébé ou le changer n'est pas un acte neutre. Même si les nouveaux pères sont beaucoup plus participants que ceux de la génération précédente, ce sont le plus souvent les mères (ou les nounous, ou les auxiliaires de la crèche, donc presque toujours des femmes) qui changent bébé. Chaque fois, les organes génitaux, plus ou moins apparents selon le sexe de l'enfant, rappellent à la mère que ce bébé est – ou n'est pas – de son sexe. Ce qui inévitablement va influencer les rapports entre une mère et son fils, d'emblée différents de ceux entre une mère et sa fille.

Faut-il décalotter votre petit garçon ?

Il est normal, pendant les premières semaines, que les organes génitaux du garçon vous paraissent très développés en proportion du reste de son corps. Les hormones maternelles provoquent ce qu'on appelle la crise génitale qui tuméfie la verge et les testicules. Ils vous paraissent donc plus gonflés qu'ils ne le seront ensuite.

Vous êtes généralement aussi assez intriguée par les soins qui sont supposés utiles pour le prépuce. La plupart des personnes conseillent aux mamans de tirer sur le prépuce (la peau qui recouvre la verge) vers le bas dans le bain. Or je comprends vos craintes : maintenir d'une main le bébé qui bouge dans l'eau savonneuse, saisir de l'autre la verge en essayant de faire glisser la petite peau presque toujours adhérente pendant les premiers mois, relève en fait de la mission impossible ! Ne vous inquiétez donc pas, il est normal que le prépuce soit adhérent et vous n'avez pas à tirer dessus.

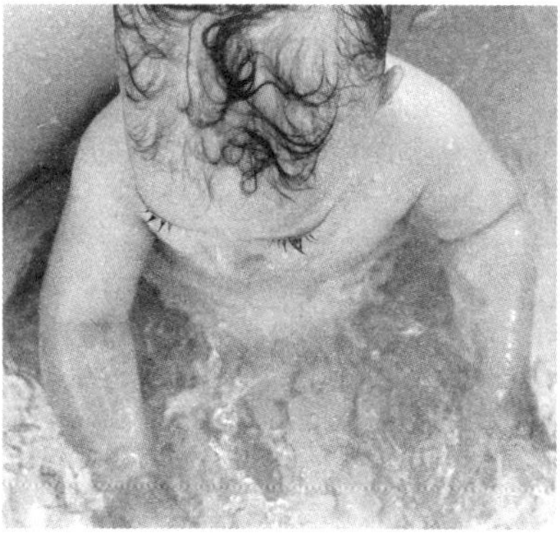

Faut-il donc décalotter un petit garçon ? Non, la toilette de la verge se fait en libérant simplement la partie qui se dégage spontanément, sans forcer. Il est normal que la peau adhère au gland. Neuf bébés sur dix ont en effet le prépuce collé à la muqueuse du gland. L'orifice urinaire (qu'on appelle le méat) est toujours dégagé et bébé fait très bien pipi. Les adhérences permettent simplement de garder la muqueuse stérile en la protégeant des souillures de la couche, elles sont donc bénéfiques. Le coulissage du prépuce ne sera utile qu'au moment de la puberté. Si le prépuce est déchiré par un décalottage, il risque de cicatriser en se rétrécissant, faisant alors apparaître un véritable phimosis (prépuce rétréci). Les

Autrefois on a conseillé, et je l'entends encore dire, de décalotter les bébés-garçons pour régler le plus tôt possible la question ; dans l'idée que bébé souffrirait moins, physiquement et psychologiquement, que si l'on devait intervenir plus tard. Mais on a prouvé qu'il était complètement inutile, et même nocif, de faire subir cette épreuve au nourrisson.

pédiatres nordiques ont donc adopté l'adage suivant : « *Personne n'a le droit de toucher au prépuce de l'enfant, sauf lui-même* ».

Le décalottage se fera le plus souvent spontanément, avant la puberté. En effet, le nourrisson a déjà de petites érections spontanées qui permettent d'élargir petit à petit le prépuce et de le décoller progressivement. Dès l'âge d'un an, il commence à jouer avec son sexe, à empoigner vigoureusement sa verge. Ce faisant, il élargit le fourreau et décolle les adhérences. Voilà pourquoi le décalottage est obtenu spontanément chez la plupart des garçons bien avant la puberté. Si ce décalottage n'est pas complet à l'âge de 10 ans, on pourra alors libérer les adhérences en appliquant deux heures auparavant une pommade anesthésique de façon à ce que cela ne soit pas douloureux. Mais disons-le, il est vraiment rare d'avoir à agir ainsi.

Il ne faut donc pas confondre les adhérences (le prépuce est large, mais collé) **avec le phimosis** (le prépuce est trop étroit). C'est une petite anomalie, rare. Une intervention simple – sous anesthésie locale ou générale – que l'on pratique en général entre deux et trois ans, pourra élargir le prépuce sans enlever la peau. Le décalottage n'est donc pas indispensable à l'hygiène de la verge : lorsque le prépuce du bébé est adhérent, les sécrétions sont stériles. Vous les devinez parfois, bombant à travers la peau, formant de petites boules blanches lorsque votre bébé a eu une érection libérant quelques adhérences : vous pouvez voir ces sécrétions blanches s'extérioriser comme de la craie humide. Il s'agit d'une substance naturelle, le smegma, qui se libère au fur et à mesure de la croissance lorsque le prépuce se décolle. Le smegma est parfaitement stérile. Vous l'avez donc compris, le décalottage n'est pas nécessaire à la toilette du petit garçon.

La toilette de votre petite fille

Les hormones de grossesse déclenchent une hypertrophie parfois impressionnante des lèvres pubiennes et du clitoris. Cette hypertrophie, qui fait partie de la crise génitale, peut s'accompagner de pertes blanchâtres par le vagin et même de saignements, véritables petites règles. L'enfant, garçon comme fille, peut avoir les seins gonflés pendant 10 à 15 jours. Ces manifestations disparaissent spontanément et le sexe du bébé-fille devient alors très discret ; sa toilette est donc plus naturelle à sa maman.

La toilette d'une petite fille se fait d'avant en arrière. Il est recommandé de laver la vulve avant l'anus de façon à ne pas souiller l'orifice du vagin. Il faut aller dans les plis entre les petites et les grandes lèvres, mais en nettoyant doucement car ces muqueuses doivent rester lubrifiées. Il faut aussi surveiller délicatement l'ouverture des petites lèvres, qui doivent laisser voir l'orifice du vagin. Elles se collent parfois l'une à l'autre en fermant cet orifice ; c'est la coalescence des petites lèvres, fermeture qui doit être traitée par votre pédiatre. ■

Savoir choisir les couches-culottes

L'embarras du choix.

De la naissance à 2 ans et même plus, votre petit va porter près de 4 000 couches.

Les changes complets se portent de la naissance à la troisième année. Il en existe trois catégories :

- nouveau-nés de 3 à 6 kg,
- bébés de 6 à 10 kg,
- juniors 10 kg et plus.

Des couches-culottes peuvent prendre le relais chez les plus grands. Elles offrent l'aspect de vrais sous-vêtements, que votre enfant peut mettre et enlever tout seul. En cas d'accident, vous pouvez la retirer vous-même en déchirant les côtés. Elle garde des propriétés absorbantes qui permettent à votre enfant de rester sec.

Les mamans adorent les changes complets au point qu'un retour aux couches lavables qui a été essayé dans le commerce n'a pas été plébiscité. Ces couches en coton ont dû être retirées du marché.

Les couches ne se cachent plus, on peut même dire qu'elles s'arborent en toute coquetterie. Il existe maintenant des changes complets signés des grandes marques sur fonds bleus, jaunes ou roses. Elles habillent les petites fesses de nos bébés d'imprimés avec lions, girafes, ou éléphanteaux.

Vous trouvez des couches dans les grandes surfaces et en pharmacie. Les dessins symétriques sur la bande confort permettent de fixer les adhésifs à la même hauteur. Il faut mettre le tee-shirt par dessus la culotte sinon il pourrait se mouiller. Il ne faut jamais jeter les changes dans les toilettes. ■

Papa ne procède pas comme maman

Lui est joueur, elle douce et appliquée.

Des études filmées de nourrissons changés par leur papa ou par leur maman ont montré combien les images au ralenti, analysées séquence par séquence, révélaient de différences dans la manière de faire.

- **Une mère est enveloppante.** Elle prend doucement son bébé, les bras ramenés vers l'avant, les cuisses repliées, la tête maintenue légèrement fléchie. Elle lui parle gentiment tout en le nettoyant méticuleusement, applique la crème comme une caresse. Elle plie le change méthodiquement, le referme en vérifiant qu'il n'est pas trop serré. Puis elle prend calmement bébé dans ses bras, enroulé.

- **Le père a une façon beaucoup plus ludique** de changer bébé : les bras et les jambes sont dépliées, la tête est peu maintenue. « *Fais attention ! s'exclame la jeune maman, tiens sa tête !* »(Je vous rassure : je n'ai jamais vu un papa casser son enfant…). Le nettoyage se fait par étapes, le père nettoie un peu, puis chatouille, rit, nettoie mieux, agite les jambes, nettoie encore, colle le change, prend le bébé et le soulève au-dessus de sa tête…

Bébé a besoin des deux façons. Pour lui, papa est au jeu, et maman est aux affaires…

La mère qui exerce une activité professionnelle à l'extérieur a souvent une attitude intermédiaire : plus méthodique que le père mais plus joueuse que la mère au foyer ; ses mouvements sont plus rapides…

Les idées fausses

« Bébé pleure parce qu'il est souillé »

Un bébé de quelques jours ou quelques semaines ne pleure pas parce qu'il est souillé. Il est habitué à baigner dans son liquide amniotique. L'humidité de l'urine ou les petites selles de lait ne le dérangent pas. Vous remarquerez souvent que votre bébé dort très bien alors qu'il a émis une selle. Ne le dérangez donc pas dans son rythme de sommeil, attendez qu'il se réveille pour le changer. Et lorsqu'il pleure, c'est généralement parce qu'il a faim. Alors, commencez par le nourrir.

« Il ne faut pas changer bébé après qu'il ait bu »

Il n'est pas gênant de changer un bébé qui vient de téter. Bien sûr, il peut régurgiter un petit peu, mais ce n'est pas dangereux. Mieux vaut changer un bébé repu et détendu qu'un bébé affamé et hurlant.

« Il est indispensable de changer bébé la nuit »

C'est une contrainte inutile, mieux vaut vous reposer. Autant vous devez le nourrir la nuit pendant ses premières semaines et ne pas le laisser pleurer (comme on le disait autrefois aux jeunes mamans pour "régler" leur enfant, ce qui était fort triste) ; autant, une fois qu'il a bu et qu'il s'endort, il est nocif de réveiller toute la famille, de vous fatiguer, de le stimuler en le changeant. Vous pouvez attendre le matin. Mon expérience le montre : les petites fesses du bébé qui ne sont pas changées la nuit ne sont pas plus irritées que celles des autres. En revanche, lorsque bébé atteint 5 ou 6 mois et que son alimentation commence à être variée, les selles sont beaucoup plus irritantes et malodorantes, et là vous devez le changer si possible dès qu'il a émis une selle, ou, du moins, sans trop tarder. ■

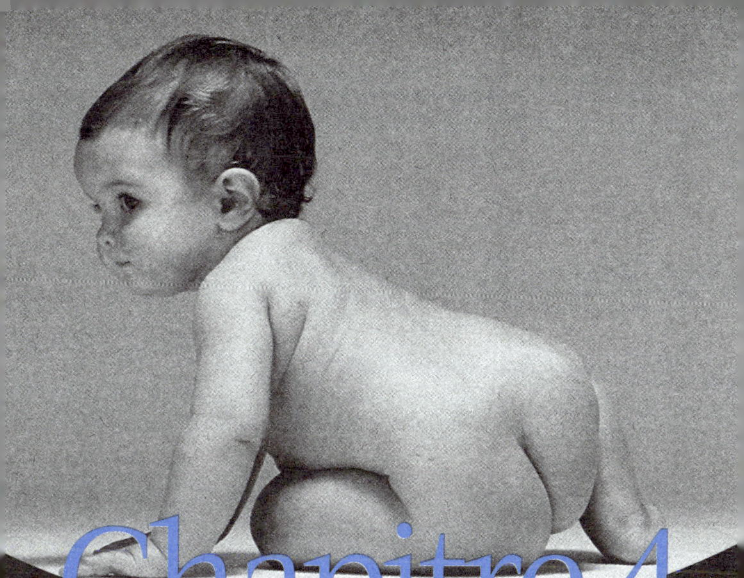

Chapitre 4

Attention, peau sensible !

Une peau hyperfragile

A traiter avec grand soin.

La peau protège bébé contre les agressions, lui permet de sentir le chaud, le froid et la douleur. C'est un organe essentiel qui doit être préservé. La peau d'un nouveau-né présente quelques particularités car elle n'est pas complètement achevée à la naissance.

Une peau plutôt sèche

Moins grasse que celle d'un adulte.

Bébé doit être changé et nettoyé à chaque tétée car sa peau est particulièrement fragile.

Les glandes sébacées qui travaillent dès le troisième trimestre de la grossesse pour fabriquer du sébum se mettent au repos rapidement après la naissance et travaillent au ralenti jusqu'à la puberté. La peau d'un bébé est donc moins lubrifiée que celle d'un adulte.

Les glandes sudorales, dont le rôle est de fabriquer la sueur, ne fonctionnent pas complètement chez le nourrisson. C'est pourquoi la transpiration ne peut rafraîchir un nourrisson. Aussi craint-il énormément la chaleur. Bébé a donc un film protecteur formé par la sueur et le sébum, plus pauvre que celui de l'adulte. Sa peau est fragile, elle doit être préservée, en particulier au

moment de la toilette, grâce à l'utilisation de produits doux et protégeant la peau.

Une peau vulnérable

Attention à la pullulation microbienne.

La peau du nourrisson est également très sensible pour deux autres raisons :

- D'une part, le bébé est imprégné des hormones d'origine maternelle qui entraînent une sécrétion excessive des glandes cutanées au niveau du périnée.
- D'autre part, les urines contiennent des éléments chimiques qui favorisent la pullulation microbienne. Les bactéries naturellement présentes sur la peau ou les couches entraînent, avec l'humidité et la chaleur, une production d'ammoniaque pouvant aggraver cette pullulation microbienne. ■

Recettes pour jolies fesses

Trois impératifs à respecter.

L'utilisation du talc est très fortement déconseillée aujourd'hui car la poudre s'agglutine dans les plis et peut favoriser la macération.

Changez-le fréquemment : bébé doit être changé 6 à 8 fois par jour. Pendant les premières semaines, cette fréquence coïncide avec celle des tétées. Vous me demandez souvent s'il vaut mieux faire le change avant ou après la tétée ? Vous avez le choix : lorsque bébé reste endormi plus de 3 h 30 et que vous désirez le stimuler un peu pour le nourrir, vous pouvez décider de le changer, ce qui va le réveiller doucement et lui donner généralement envie de téter. Si, au contraire, bébé hurle de faim, point n'est besoin de le changer avant, vous pourrez d'abord le nourrir et le changer après la tétée.

Nettoyez sa peau :

- dans le bain, les gels lavants “corps-cheveux” proposés aux mamans sont parfaits : ils lavent, permettent un bon équilibre bactériologique de la peau et ne sont pas irritants. Il n'est pas nécessaire de rincer bébé en le sortant du bain.

Gardez le siège le plus sec possible

Il ne faut pas hésiter à exposer les petites fesses à l'air en installant bébé tout nu sur une grosse serviette éponge. Lorsque vous lui mettez son change complet, attachez la couche de manière assez lâche pour que l'air circule entre les fronces et la peau. Surtout, changez-le très souvent, si possible dès qu'il a fait pipi ou une selle.

• pour le change de la journée, bien sûr l'eau et le savon paraissent le moyen le plus naturel, mais il est bien difficile pour une maman de mettre son bébé sous le robinet alors qu'il est à moitié habillé, sans mouiller le body, la brassière, etc. Il est donc plus simple d'utiliser les lingettes imbibées de produit désinfectant et mon expérience, confirmée par des études récentes, a montré que cette méthode n'irritait pas les fesses de bébé. J'ai pourtant constaté combien les mamans craignaient cette solution si simple et combien on leur reprochait d'utiliser les lingettes. Comme quoi, le progrès a toujours du mal à s'installer. Ce qui simplifie la vie des mamans est toujours l'occasion de les culpabiliser…

Protégez sa peau : une fois le siège bien nettoyé, on pourra, chez les tout-petits, appliquer un produit isolant la peau de l'acidité des urines.

Des crèmes très protectrices

Pour prévenir d'éventuelles irritations.

Heureusement, nous n'utilisons plus les recettes évoquées dans le chapitre 2. Nous disposons actuellement de crèmes dermatologiques éminemment protectrices. La plupart de ces crèmes contiennent un mélange de pâte à l'eau avec oxyde de zinc et glycérine, ou vaseline, ou lanoline. Elles permettent ainsi de protéger le siège du bébé des acidités provoquées par l'urine ou les selles, surtout en cas de diarrhée.

Recettes pour jolies fesses

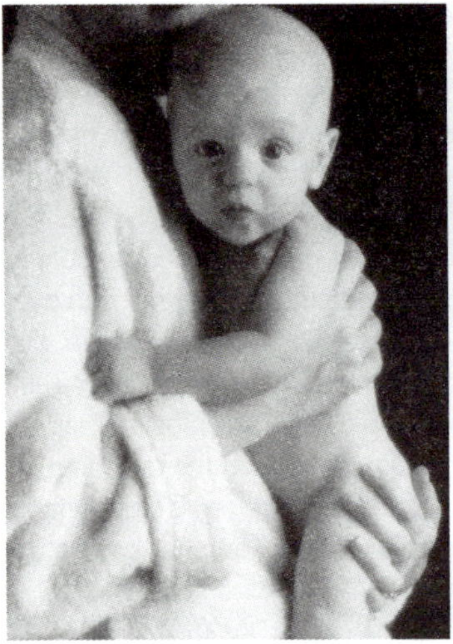

Les pommades pour la peau des bébés ont un caractère hydrofuge, c'est - à-dire s'opposant au passage de l'humidité et au contact irritant de l'urine sur la peau. L'application d'une crème spécifique pour l'érythème fessier est un soin préventif qu'il est souhaitable de renouveler à chaque change. Après avoir parfaitement lavé et séché l'épiderme, vous prélevez une noisette de pommade que vous étalez en une couche suffisamment épaisse pour former un film protecteur. Insistez sur le pourtour de l'anus et le sommet des fesses. Chez les petites filles ce soin peut se prolonger jusqu'aux grandes lèvres, là où l'urine entraîne souvent des irritations.

Pourquoi les fesses irritées sont-elles fréquentes chez les bébés ? Parce que leur peau est beaucoup plus soumise à l'agression des enzymes contenus dans les selles, à l'humidité et au pH de l'urine, ainsi qu'au frottement des couches.

En cas de diarrhée, vous appliquerez ces pommades protectrices en nappe plus épaisse et plus étendue. Que la diarrhée soit d'origine infectieuse ou consécutive à un traitement antibiotique ou à une éruption dentaire, elle majore le risque d'érythème fessier et favorise la macération sous les couches. Elle aggrave également les variations d'acidité des selles et libère les enzymes qui sont directement agressifs pour la peau fragile des bébés. Aussi, dans ce cas, faut-il changer les couches plus souvent et pommader régulièrement les petites fesses des bébés. ■

Lorsque ses fesses deviennent rouges

On parle alors d'érythème fessier.

• **Les pommades peuvent aider la cicatrisation.** On utilise volontiers celles à l'oxyde de zinc. Si l'érythème est étendu en culotte, il existe des produits antiseptiques séchants comme l'éosine aqueuse à 2 %, bien connue des mamans.

• **Soigner d'éventuelles maladies.** L'érythème du siège peut révéler la présence d'un champignon, appelé muguet, dans l'intestin. Vous le reconnaissez alors parce que les rougeurs forment de petites collerettes autour de l'anus et sur

Trois types d'érythèmes

Selon la place des rougeurs, on distingue : l'érythème des plis en Y, l'érythème des plis en W et l'érythème en culotte.

• **L'érythème des plis en Y** est le plus fréquent chez les nourrissons de moins de trois mois. La rougeur de la peau entoure l'anus, atteint les plis entre les fesses et se dirige en avant dans les plis des cuisses. Il est provoqué par l'humidité.

• **L'érythème en W,** c'est celui des parties bombées. Les rougeurs atteignent la face interne des cuisses, remontent sur les grands lèvres ou sur les bourses chez le garçon, jusqu'au pubis, épargnant les plis. C'est souvent une mycose.

• **L'érythème en culotte,** plus évolué, est celui qui s'étend à l'ensemble du siège, dessinant la forme de la culotte parfois jusqu'à la taille. Dans cette forme extensive, il y a souvent une surinfection.

Lorsque ses fesses deviennent rouges

Si le siège de bébé est rouge malgré des soins corrects, consultez votre médecin.

la racine des cuisses. Si vous ne le traitez pas de façon précoce, la peau devient de plus en plus rouge, l'érythème conflue en plaques qui remontent vers la ceinture. Cet érythème fessier extensif peut être associé à des croûtes du cuir chevelu et à des rougeurs dans les plis des aisselles et du cou. La cause la plus fréquente en est un champignon, le candida albicans, qui est généralement présent dans tout l'intestin du bébé. En ouvrant sa bouche, vous pouvez apercevoir des plaques blanches non seulement sur la langue (à ne pas confondre avec des résidus de lait) mais aussi à l'intérieur des joues et des lèvres. On appelait autrefois cet érythème fessier mycosique, maladie de Leiner-Moussous.

Le traitement consiste à donner un médicament par voie buccale contre le champignon responsable et à appliquer une crème spécifique anti-mycosique sur le siège. En même temps, vous changerez le plus souvent possible votre enfant. ■

Un traitement de plus en plus simple

On propose parfois contre l'érythème fessier mycosique des bains avec une solution colorée bleue de permanganate de potassium dilué à 1 pour 10 000 ; mais cette solution est généralement très incommode à utiliser car vous tachez vos doigts, la baignoire, le linge… sans compter qu'il ne faut pas laisser traîner les sachets qui peuvent être toxiques pour l'un des enfants plus grands. On évite donc le plus possible aujourd'hui ces colorants pour préférer simplement laver le siège avec un savon à action anti-mycosique et mettre ensuite la crème spécifique. Le traitement doit être assez long, une quinzaine de jours minimum, pour éviter les rechutes.

Chapitre 5

Propre de jour comme de nuit

Propre de jour comme de nuit

De la couche au pot.

La stratégie des fesses nues. Avant l'âge normal de la propreté, c'est-à-dire avant la deuxième année, vous pouvez déjà habituer votre bébé à aimer se sentir propre en le changeant souvent, dès qu'il est sale, de façon à ce qu'il ait une bonne conscience de son petit siège au sec. Dès son premier été, plus vous le laisserez en petite culotte et lui permettrez de percevoir la sensation de ses émissions d'urine et de selles, plus vous favoriserez ultérieurement leur contrôle.

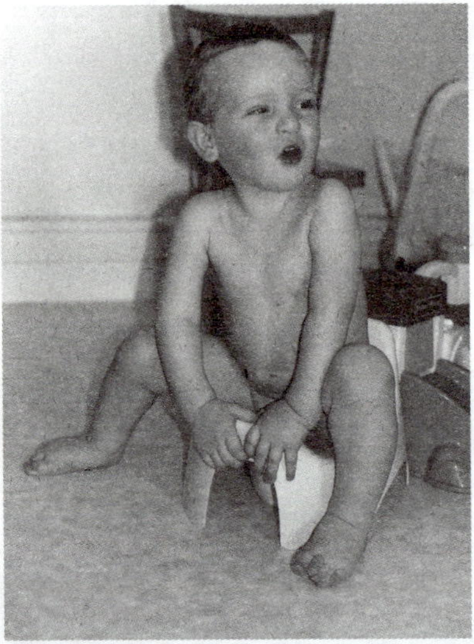

Entre 12 et 18 mois, vous pouvez commencer à l'asseoir sur le pot lorsque vous savez qu'il n'a pas fait pipi depuis longtemps : la fraîcheur et un petit jeu lui feront considérer cette station assise comme amusante. Si vous connaissez le moment où il fait habituellement sa selle, vous pouvez aussi l'installer sur le pot, pour qu'il prenne l'habitude de l'y évacuer. Mais bien sûr, ce sera un effet du hasard, il n'est pas nécessaire de le féliciter très chaleureusement, ni surtout de le gronder lorsqu'il n'y arrive pas.

Ne le laissez pas s'impatienter. N'en faites en aucune façon un objectif. C'est simplement lui offrir l'occasion de se découvrir faisant pipi ou faisant une selle par hasard. J'insiste : en aucun cas, il ne doit considérer cette station assise comme une corvée à un âge où il est passionné par la marche, la découverte, le jeu et où il risque, vite impatient, de trouver la situation absurde et de sentir avec culpabilité qu'il n'arrive pas à faire ce que vous voudriez.

Autant d'affects négatifs qui pèseraient ensuite sur ses apprentissages, si vous insistez alors que bébé a envie de se lever du pot. Lui offrir l'occasion de se sentir faire pipi ou émettre une selle est une chose, l'obliger à rester en attendant alors qu'il ne maîtrise pas son sphincter serait en revanche extrêmement préjudiciable pour la suite. ■

Quel pot choisir ?

Le choix du pot est important. Il doit permettre à l'enfant de s'asseoir tout seul, quel que soit le côté par lequel il se présente. Si vous prenez un pot que vous trouvez magnifique et ludique avec, par exemple, un grand cou de canard devant, votre enfant devra trouver dans quel sens s'asseoir et cela sera beaucoup trop compliqué pour lui. Si vous prenez un pot aux bords étroits, il peut avoir mal à ses petites fesses, s'il s'assoit dessus pour jouer pendant dix minutes. Je vous recommande de prendre un pot dont l'assise soit bien large et qui soit stable. Qui ait un petit pare-jet, c'est-à-dire un relief devant le sexe, protégeant le jet d'urine, et un couvercle de propreté permettant de fermer le pot pour aller le vider.

Aller directement aux toilettes ?

Un passage souvent trop brutal.

Des pots multifonctions se transforment en réducteur pour les toilettes, en marchepied ou en siège. Ils deviennent intéressants à partir du moment où l'enfant a bien acquis sa maîtrise sphinctérienne. Mais au moment de l'éducation, le pot tout simple présente plusieurs avantages :

- **la patience est plus facile à obtenir sur un pot** qui peut s'installer devant la télévision, un panier de jouets… Car votre petit est incapable au début de commander rapidement ses sphincters. Etre perché, enfermé dans un réduit obscur au-dessus d'un vide impressionnant, trop haut pour pouvoir jouer, c'est le plus souvent aller à l'échec…

La crainte de la dépossession

En même temps que le plaisir, peut se mêler pour le bébé le regret de devoir se séparer d'éléments qui lui appartiennent. Voir disparaître cette partie de lui-même dans les toilettes, avec ce qu'elles ont d'effrayant, le bruit de la chasse d'eau et la tornade qui enfouit une partie de votre corps vers on ne sait quels abîmes, peut constituer un traumatisme psychique important. Assez fréquemment, surtout chez les garçons, la peur de la dépossession est telle que l'enfant refuse de faire, que ce soit dans le pot ou aux toilettes. Je vous proposerai une solution toute simple, de propreté "à la couche" *(voir p. 106)*.

De rares enfants veulent d'emblée imiter leurs parents, leurs aînés. Si tel est le désir du vôtre, laissez-le faire, bien entendu !

● **La découverte ludique :** lorsque, assis sur son pot, s'amusant avec ses jouets, l'enfant émet une selle, sans le concours de sa volonté, par hasard, il a ainsi le plaisir d'explorer ses sensations sphinctériennes. C'est le "plaisir anal" décrit par Freud *(voir chapitre 7)*. Ayant ressenti l'état de réplétion de ses réservoirs, vessie et rectum, l'enfant a donc appris à se retenir et à expulser à volonté. Cette expulsion lui procure une excitation de la muqueuse dont il ressent un soulagement et il devient fier de pouvoir jouer avec ses sphincters.

Le stade du pot est donc généralement plus réconfortant que de passer directement sur un adaptateur aux toilettes.

Surmonter la période du "non !"

Des sentiments ambivalents.

Pour plus de précisions sur cette question, voir également la fiche 36 du chapitre 6, (pages 83 à 85).

Si 18 mois est l'âge où l'enfant est capable neurologiquement et intellectuellement de comprendre ce que l'on attend de lui et de maîtriser ses sphincters, c'est aussi la période du "non" et donc de l'opposition affective. Elle complique l'éducation sphinctérienne. Heureusement, les parents d'aujourd'hui montrent beaucoup plus qu'autrefois patience et amour et savent le plus souvent composer avec le négativisme des 18 mois. L'enfant est en effet ambivalent entre : le désir de retenir ses selles, puis de les expulser lorsqu'il en a envie ; ou de le faire lorsque l'adulte le veut, pour lui faire plaisir, pour lui offrir son présent.

Il ne faut donc pas le forcer à aller sur le pot sous peine d'obtenir une résistance totale qui retarderait le succès. Si vous voulez éviter ce blocage du "non" à 18 mois, il ne faut pas faire de l'acquisition de la propreté une question de volonté de l'enfant. Evitez donc les grands discours, du type « *maintenant tu es grand, tu vas me faire plaisir, tu vas faire sur le pot* ».

Bien choisir la saison et la maison

Deux facteurs plus importants que l'âge.

Il n'est pas nécessaire que l'enfant sache parler pour devenir propre.

C'est la saison et la maison qui vont décider du moment où vous allez proposer d'enlever les couches. Car il faut réunir deux conditions : une période de chaleur et une maison dont le sol ne craint rien (tomettes, parquet vitrifié, lino). Vous ne demanderez pas à votre enfant d'être propre du jour au lendemain dans un appartement que vous venez d'équiper d'une moquette fragile ! Mieux vaut donc proposer d'enlever les couches à deux ans en plein été à la campagne : si l'enfant circule en petite culotte et fait "un accident", vous n'aurez pas tendance à vous énerver, ce ne sera pas dramatique. Au contraire, à 18 mois, en plein hiver, dans un appartement à la moquette fragile, vous risquez de vous fâcher beaucoup plus facilement en cas d'échec et de susciter chez votre enfant un jeu d'opposition qui ne sera pas sain. ■

La propreté, faites-en un jeu d'enfant

Ne vous fâchez pas !

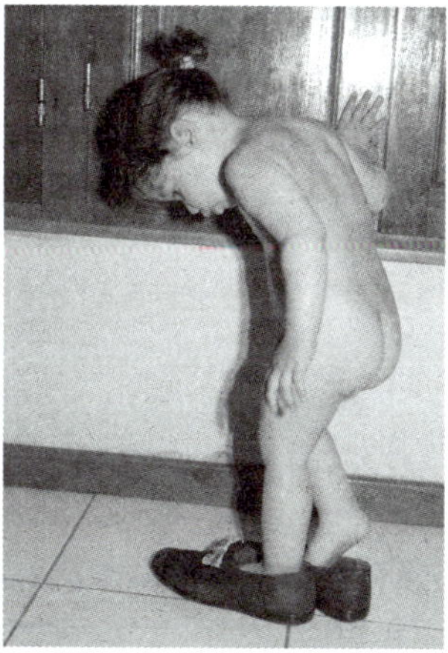

Laissez vivre votre enfant sans couche pendant une quinzaine de jours d'affilée dans les conditions que nous venons de décrire. Vous savez alors quand il a mouillé sa culotte et lui demanderez, quelque deux heures plus tard, de s'asseoir sur le pot pour lui raconter une histoire. Parce qu'il est assis, que vous le distrayez sans lui demander expressément d'uriner, qu'il a les petites fesses au frais,

Si vous êtes assez disponible…

Ne lui mettez pas de couches, sauf pour la sieste et la nuit, pendant 15 jours d'affilée. Votre enfant sera ravi de se servir de son pot, à bon escient, sans aucun blocage. Au début, vous aurez quelques échecs, parce que vous lui aurez donné, par exemple, le pot trop tard. Ne vous fâchez pas, vous pouvez juste exprimer que c'est dommage, mais n'en faites pas un drame pour qu'il n'y ait pas une relation affective trop puissante autour de l'émission des selles et des urines.

votre enfant fera au début ses urines ou ses selles par hasard, sans les effets de sa propre volonté. Mais il est alors heureux de sentir que c'est ce qu'il fallait faire à vos yeux. Vous le rhabillez. Deux heures plus tard, vous recommencez, toujours sans contrainte et sans exigence.

Propre pour imiter les autres

L'expérience de la crèche.

Certains enfants, à la crèche, par imitation, acceptent beaucoup plus facilement le pot que tout seul à la maison ou chez une nourrice. De même, certaines crèches ou écoles maternelles disposent de tout petits W-C pour enfants qui ne les effraient pas. Par imitation, votre petit peut devenir ainsi plus facilement propre. C'est pourquoi, si votre enfant est en crèche, attendez le moment où les puéricultrices éduquent le groupe dont il fait partie pour commencer aussi à la maison. ■

Encourager le mouvement

La plupart des enfants sont propres entre 18 mois et 2 ans. Pour certains, cela peut arriver même en plein hiver. Je dirais qu'un enfant sur 10, spontanément, demande à enlever ses couches et de faire dans son pot le jour où il a décidé d'être grand. Mais ce n'est pas la majorité et, dans la plupart des cas, vous avez besoin d'encourager un peu le mouvement. C'est seulement une fois que l'enfant a acquis la propreté de jour que vous tenterez pour la sieste et la nuit.

Hugo, un bébé d'aujourd'hui

Doit-il apprendre le pot à la garderie ?

Le père est très occupé par ses activités professionnelles, Sophie trouve qu'il ne participe pas assez à la vie familiale, mais le couple est uni, et la mère éprouve un grand plaisir à s'occuper de ses enfants.

Hugo est le deuxième enfant de Sophie, Suédoise. Le motif annoncé de la consultation des 18 mois est un rappel de vaccination. Mais Sophie me pose sa question sous forme un peu anecdotique : « *Pensez-vous, docteur, que je dois m'occuper maintenant de la propreté ?* » Je lui demande quel est son propre avis. Dans mon souvenir, nous n'avons pas eu de problèmes lorsque l'aînée, Sarah, est devenue propre. Pour Hugo non plus, Sophie ne se posait pas la question.

C'est en conduisant son enfant à la halte-garderie que le personnel lui a demandé si elle voulait que l'on propose à Hugo de faire sur le pot : l'auxiliaire de puériculture le voit observer avec intérêt les plus grands et s'asseoir spontanément sur les petits cabinets de la garderie. Sophie se sent indécise, elle a peur de contraindre son fils.

Je demande donc à Sophie si elle pense que son enfant est prêt à se servir du pot. Elle se rapporte encore à l'histoire de Sarah et ne se souvient pas du tout de l'âge où son aînée est devenue propre : à peu près, se dit-elle, entre 18 mois et 2 ans. L'observation de l'auxiliaire l'a conduite à se poser la question, d'autant plus que nous sommes au mois de mai : elle sait qu'il sera plus facile de

Hugo joue avec l'instrument, ne s'y assoit que pour se lever rapidement, et faire aussi bien ses urines que sa selle dans sa culotte quelques instants après.

proposer le pot à Hugo pendant la saison chaude qu'en hiver. Ne pas tenter cet apprentissage maintenant pourrait le différer à ses deux ans et demi. Voilà un argument qui la pousse à lui enlever les couches. Je demande si elle a déjà essayé : oui, à la maison, mais visiblement Hugo n'a pas compris à quoi sert le pot. Elle ne sait donc pas comment s'y prendre.

Nous nous décidons pour la proposition venant de la garderie, nous demanderons qu'effectivement l'apprentissage de la propreté lui soit proposé là-bas. Nous verrons si le facteur d'imitation des autres enfants dans un cadre affectivement neutre pourra permettre de mieux savoir si Hugo est prêt à devenir propre. Je demande aussi à Sophie quel est l'avis de son mari : « *Oh là là, il n'en aura aucun sur ce sujet et me dira que les soins aux enfants, c'est mon problème !* » répond-elle en riant. « *Il n'imagine pas que je puisse avoir une quel-*

Des relations maman-bébé harmonieuses

Hugo est un enfant désiré, né à terme normalement, longtemps allaité par sa mère. Le sevrage s'est passé sans aucune difficulté. Sophie désire maintenant un troisième enfant qu'elle allaitera aussi. Hugo est un petit garçon très éveillé qui s'occupe avec le panier de jouets pendant que nous parlons. Il commence à dire quelques mots, en comprend de nombreux dans les deux langues, en suédois et en français. Il a marché à 11 mois et n'a aucun trouble alimentaire. Il arrive qu'il se réveille la nuit, mais rarement et sa mère attend un peu avant d'aller le consoler. Elle a de nombreux amis en France, où résident également ses sœurs ; elle est très ouverte et n'a pas montré de dépression du post-partum. Hugo n'a pas eu de problèmes digestifs : ni coliques importantes, ni troubles du transit, ni état de constipation.

conque difficulté et s'en remet à moi pour leur éducation. Un peu trop parfois, car j'aimerais partager ; mais en même temps je trouve que c'est plus simple de vivre avec quelqu'un qui me fait autant confiance pour mon rôle de mère. »

Les signaux adressés par Hugo à sa mère

Sophie a remarqué que son enfant se trémousse lorsqu'il a envie d'uriner, mais il ne sait pas encore demander, ni aller lui-même s'asseoir sur son pot au bon moment. Donc, si elle n'est pas réceptive à son signal, il urinera dans sa culotte. De ce fait, elle est devenue plus attentive.

Six semaines plus tard, nous sommes au milieu du mois de juin, Hugo a la varicelle. Sophie ne serait pas venue spécialement en consultation pour la question de la propreté, mais elle est désireuse de m'en parler. A la garderie, Hugo semble avoir regardé avec intérêt quelques enfants aller sur le pot pour uriner, assis. Maintenant, à la maison, il s'y installe volontiers.

Sophie a enlevé ses couches la journée, elle les lui laisse simplement pour la sieste et la nuit. Lorsqu'elle voit qu'il commence à s'agiter en serrant ses jambes, elle l'installe sur le pot, le distrait en lui montrant des animaux sur un livre que le petit aime particulièrement et qu'elle réserve à ces moments-là. Elle a remarqué que lorsque l'attention de l'enfant est dérivée par les histoires, Hugo se détend et reste plus longtemps sur le pot ; ses sphincters s'ouvrent, il est alors surpris, il regarde, elle montre sa satisfaction, l'essuie, remet une petite culotte et se donne mentalement rendez-vous pour la miction suivante. Ils vont vider le pot ensemble, Hugo aime beaucoup le renverser dans les toilettes. Pour les selles, elle procède de la même façon, me dit-elle, « *c'est beaucoup plus facile parce que je sais le moment où il émet ses selles, presque toujours après son déjeuner.* »

De la dépendance à l'autonomie

Lorsque je revois Hugo pour la visite systématique des deux ans, il est considéré comme à peu près propre par sa mère. Sophie m'explique qu'en quinze jours, Hugo a géré lui-même ses besoins, l'enfant semblant très bien comprendre comment se retenir, allant sur le pot spontanément sans même émettre des signaux à sa mère, il a vécu en petite culotte. Comme elle a constaté que bien souvent il se réveillait avec la couche sèche, en quelques jours elle a décidé d'enlever les couches pour la sieste, et maintenant Hugo n'a de couche que la nuit. Mais elle éprouve le besoin de m'en parler dès le début de l'entretien, car, depuis le retour en garderie, il semble y avoir une petite régression des acquis.

A la crèche, le personnel a changé : la nouvelle auxiliaire a demandé à Sophie pourquoi elle ne mettait pas de couche à son enfant « puisque visiblement il n'est pas encore propre, ce qui est normal si jeune ». Sophie est alors désemparée.

Ces "accidents" l'embarrassent beaucoup actuellement car nous entrons en automne où les contraintes vestimentaires sont importantes. Elle se demande si elle doit remettre des couches à Hugo la journée. Autant elle n'était pas préoccupée par ces problèmes à 18 mois, autant elle a l'impression d'une régression et s'inquiète maintenant qu'Hugo est tout à fait propre à la maison. En même temps, il est très heureux de retrouver ses petits camarades à la garderie.

Interrompre les influences négatives

Sophie me rapporte les observations qui lui ont été faites : « votre fils n'accepte pas d'aller sur le pot au même moment que les autres enfants, il mouille son pantalon, je n'ai pas pu le changer complètement car j'ai de nombreux petits à garder, il est donc trop tôt pour nous imposer cette contrainte… »

Je me préoccupe des réactions négatives de la nouvelle auxiliaire autour du problème de la propreté. Il apparaît que cette personne fonctionne plus par rapport à ses propres impératifs : l'heure où l'on met les petits sur le pot sans contrainte d'habillage ; et non par rapport aux signaux de l'enfant.

Cette conversation a lieu devant Hugo dans mon cabinet. Il se montre à ce moment-là très turbulent, part en courant dans la salle d'attente et bouscule une petite fille. Sophie se demande s'il devient difficile. Je propose à la mère que nous fassions une interruption de garderie pendant un mois pour suivre à la maison le propre rythme de l'enfant ; puis, qu'il retourne à la garderie avec une tenue simplifiée, pour pouvoir baisser lui-même un pantalon à élastique et non pas à bretelles, ce qui nécessite l'aide de l'adulte. Je demande à Sophie de le laisser dans la même tenue qu'à la garderie lorsqu'il est à la maison pour que l'enfant retrouve un fonctionnement positif par rapport au pot. Si les choses se passent bien ainsi à domicile, nous pourrons avoir une conversation avec la responsable de la garderie avant d'y remettre Hugo.

Deux mois plus tard, Sophie ne vient pas pour l'éducation sphinctérienne. Cette fois-ci, Hugo a une rhino-pharyngite avec une otite. Elle évoque rapidement le problème de la

Le père n'admettait pas que son garçon entende des injonctions par rapport à la propreté, car disait-il, « il est très humiliant, quand on est petit, de se salir devant les autres ».

propreté : Hugo a passé quelques semaines à la maison sans problème. La maman a eu une conversation avec la responsable de la garderie et avec la puéricultrice qui s'occupe de la section d'Hugo : on va essayer de voir si l'enfant est apte à aller lui-même sur son pot sans demander l'aide d'une auxiliaire, pourvu qu'on ne lui fasse aucune réflexion négative en cas "d'accident".

Pour une fois, le mari a donné son opinion : si l'enfant rechute, ils essaieront de changer de système de garde. Hugo est particulièrement câlin avec son père le soir. Tout ceci a été expliqué par la maman au personnel. Depuis, Hugo est parfaitement propre. Pendant cette conversation, Sophie a rhabillé l'enfant qui est parti en courant dans la salle d'attente sans être réellement soucieux de notre discours. Elle m'apprend qu'elle attend un troisième bébé. ■

Une cascade de bons points

Voici comment un accompagnement éducatif bienveillant a permis à Hugo d'être propre sans difficultés.

- L'auxiliaire de la garderie est attentive aux signaux d'Hugo.
- Le bébé montre de l'intérêt pour l'attitude des autres enfants.
- Il fait des tentatives d'imitation.
- La maman est attentive à son enfant.
- Hugo envoie des signaux corporels.
- La maman réagit aux stimuli adressés par le bébé.
- Une nouvelle auxiliaire étant peu attentive, l'enfant régresse.
- Le père intervient pour contrer la réaction négative.
- Hugo devient complètement propre dans un climat affectif harmonieux.

Propre pendant la sieste

Soyez tolérante en cas d'échec !

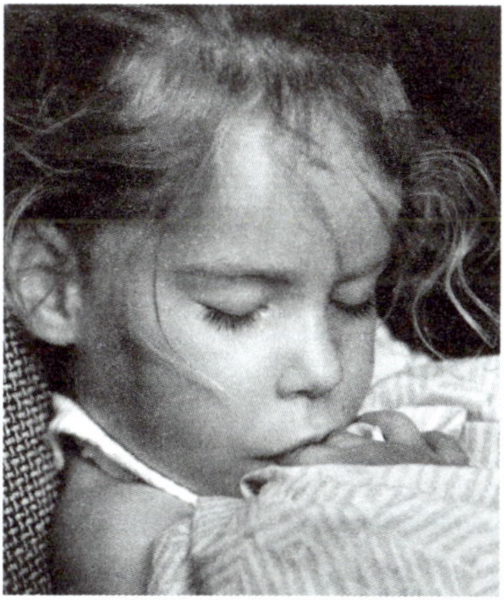

Une fois que l'enfant est parfaitement propre la journée, ne mouille plus sa culotte, vous pouvez tenter de ne plus mettre de couche pendant la sieste, même si, habituellement, il se réveille avec la couche trempée. Ne faites pas de commentaires avant de le coucher, du genre : « *Tu vois, je ne te mets pas de couche, fais attention de ne pas mouiller ton lit* ». Ce genre de recommandation risque plutôt de l'angoisser et de le conduire à faire pipi.

Si l'enfant est propre la journée, n'attendez pas trop longtemps pour lui enlever la couche à la sieste : il pourrait régresser alors que sa maturité est acquise.

Faites donc l'expérience. Faites-le uriner avant de dormir, couchez-le sans mettre un change et il est probable qu'inconsciemment il se retiendra. Vous pouvez le complimenter sans exagération. Si par contre vos essais sont infructueux et le lit mouillé, remettez la couche ; et vous referez un essai trois mois plus tard. En aucun cas, vous ne devez le gronder, le culpabiliser ; il ne s'agit pas alors d'un échec, mais tout simplement d'une proposition prématurée. ■

Propre la nuit, fini les couches !

Age limite : 5 ans.

La propreté de nuit ne peut être acquise qu'après la propreté de jour et la propreté à la sieste.

Là encore, dès que ces acquisitions sont réussies, tentez d'ôter la couche la nuit, après avoir fait uriner l'enfant avant de le conduire au lit. Et vous observerez bien souvent que, sans le lui avoir spécialement demandé, l'enfant retient inconsciemment ses urines. Il est propre !

La plupart des enfants sont ainsi spontanément propres la nuit vers 3 ans. Si la propreté n'est pas acquise à ce moment là, sachez que l'on considère comme âge limite 5 ans. Jusqu'à cet âge, ne vous alarmez donc pas et ne faites aucun commentaire négatif.

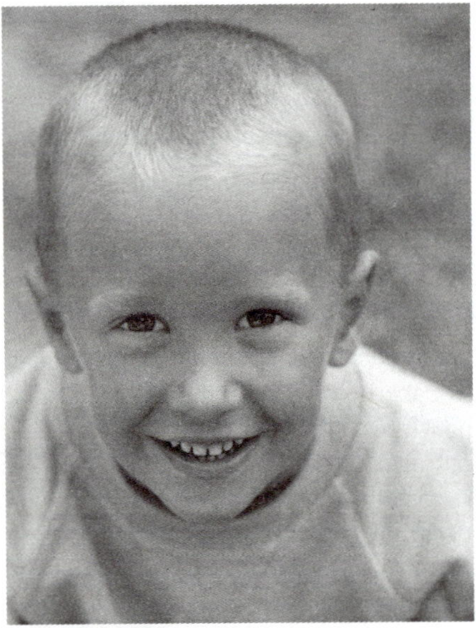

Après 5 ans, on parle d'énurésie. Et alors, nous, pédiatres, nous pouvons aider votre enfant. Nous verrons comment dans un autre guide à paraître. ■

Chapitre 6

Des obstacles sur la voie de la propreté

Quand bébé refuse le pot...

Un instrument bizarre.

Parvenir à faire pipi ou ses selles dans le pot est un exploit qui demande d'étranges et nombreuses opérations mentales. Aussi se peut-il que votre enfant refuse de s'asseoir sur le pot. Le pot n'est pas un instrument présent dans la nature, et nous devons étudier les multiples raisons de le refuser en nous mettant à la place de l'enfant.

Les raisons du blocage

Il préférerait jouer avec le pot.

Alors que le bébé sait marcher et aime courir, escalader, emboîter des jouets..., rester assis, immobile sur le pot n'a pour lui pas de sens !

Imaginez un petit de 18 mois qui vit habituellement en couche, déambulant avec son change souillé, dans lequel il est emballé depuis sa naissance. Ce change est bien sûr enlevé plusieurs fois par jour, mais pas au moment où les urines et les selles viennent d'être émises, donc sans rapport avec les rythmes sphinctériens de l'enfant. Vous lui présentez un pot, qu'il adopte tout de suite comme jouet très amusant. Il trouve intéressant d'y installer ses poupées, ou de prendre le pot comme couvre-chef original à mettre sur sa tête. S'asseoir dessus tout habillé peut être également distrayant deux secondes. En revanche, se voir enlever la couche – alors qu'il vient peut-être d'uriner il y a demi-heu-

L'enchaînement complexe que doit maîtriser bébé pour être propre :

- Je me rends compte que ma vessie est pleine.
- Je sais le signaler.
- Je baisse ma culotte.
- Je m'assois sur le pot.
- J'ouvre mon sphincter pour laisser couler l'urine.
- Je referme mon sphincter.
- Je remets ma culotte.
- Je vais jouer.
- Deux heures plus tard, je sais signaler que ma vessie est pleine.

re et n'a pas la vessie pleine – pour rester assis, calme, immobile, sans comprendre ce qu'on attend de lui, tient de l'absurde !

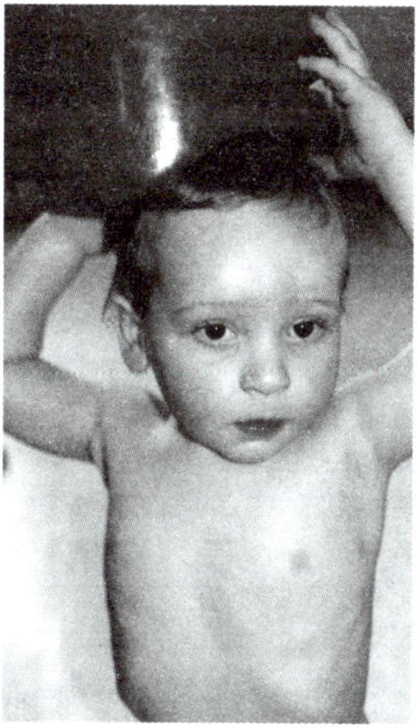

Bien sûr, il comprend que vous seriez heureuse qu'il y ait du pipi dedans, mais ne sait pas précisément quel est le signal qui permet de savoir que la vessie est pleine, quelle volonté permet d'ouvrir le sphincter pour faire couler cette urine dans le pot, puis comment ensuite fermer son sphincter et signaler deux heures plus tard que la vessie est à nouveau pleine. L'enfant n'a pas compris la multitude de ces opérations, lui qui d'habitude urine passivement et vit dans ses émissions sans faire de rapport entre leur sortie de son corps et l'ouverture des sphincters, précédée de la sensation de réplétion de la vessie ou du rectum. Tout ceci est beaucoup trop complexe.

A ces incongruités, s'ajoute l'énorme pression affective que véhicule l'adulte. Vous êtes à côté de lui, vous lui demandez s'il a bien fait, vous lui montrez combien vous seriez contente qu'il fasse pipi. Ou bien vous lui expliquez combien il est

Le pot n'est pas un élément naturel pour bébé et vous ne devez pas être étonnée si votre enfant refuse obstinément de s'y asseoir.

sale de faire caca dans sa culotte… Mais l'enfant aimerait bien vous faire plaisir ! Simplement il ne sait pas encore enchaîner le nombre important des opérations que cela nécessite.

Toutes ces opérations sont bien difficiles à acquérir, surtout dans cette phase d'opposition et avec l'idée que c'est extrêmement important, à voir la tête que fait maman quand je réussis ou quand j'échoue ! Il ne refuse pas par "mauvais caractère", mais parce qu'il est effrayé à l'idée même de la situation absurde qui l'attend et de l'insatisfaction qu'il risque involontairement de provoquer chez vous. Vous pouvez essayer de lui proposer l'usage des toilettes « comme les grands ». Il arrive, mais c'est rare, qu'une maman ait ainsi résolu le problème, l'enfant ayant le plaisir d'imiter les aînés.

Que faire lorsqu'il refuse de s'asseoir ?

D'autres stratagèmes.

Que ce soit sur le pot ou sur un réducteur de W-C, vous devez éviter d'insister et de culpabiliser votre enfant. Refaites un essai plus tardivement, quelques semaines plus tard quand il aura oublié son blocage, et si vraiment il s'y refuse, plutôt que de vous obstiner, vous pourrez le rendre propre à la couche (voir p. 106), méthode qui m'a été suggérée par bien des enfants. ■

Les erreurs que vous devez éviter

Ne le culpabilisez pas !

Quelles que soient vos bonnes résolutions, sous le poids des comparaisons familiales, des leçons d'une grand-mère, de l'échéance scolaire qui approche, vous perdez parfois votre sang-froid ; vous commencez à élever la voix, à vous énerver, à culpabiliser votre enfant. Or, nous l'avons vu, celui-ci, habitué depuis sa vie *in utero* au contact tiède et humide des urines et des selles sur sa peau, ne comprend pas ce qu'on attend de lui avec un pot. Il veut bien s'y asseoir, mais pas longtemps car c'est un âge d'action. Et pour ne rien y émettre, car il n'a pas fait le rapport entre le relâchement des sphincters et l'émission de ses urines ou de ses selles.

Voici donc les préceptes de base :

- **ne vous y prenez pas trop tôt :** n'essayez pas de conditionner votre bébé la première année. Comme l'a écrit le pédiatre Lelong : « *Dans le dressage trop précoce, c'est la mère qui se conditionne et non l'enfant* ».
- **Interdisez-vous toute réprimande :** vous ne devez jamais sermonner votre enfant parce qu'il n'est pas propre, ce serait une grave erreur psychologique.
- **Pas de contrainte :** si votre enfant refuse de s'asseoir sur le pot, surtout ne le forcez pas. Il faut encore moins l'attacher. Toute contrainte risque de

Les discours, récompenses ou punitions ne font que renforcer les blocages de l'enfant : il est en période d'opposition.

Pas de récompenses trop importantes : devenir propre ne doit pas être un objet de chantage.

bloquer les progrès que vous espérez. S'il veut se lever du pot, il ne faut pas l'en empêcher.

- **Evitez les félicitations exagérées :** à l'inverse, s'il réussit, montrez votre satisfaction mais ne le félicitez pas exagérément. Il est normal de devenir propre, cela ne doit pas être trop dramatisé, dans un sens comme dans l'autre.
- **Choisissez des vêtements simples :** évitez de mettre, pendant la période d'apprentissage de la propreté, des vêtements trop compliqués à enlever, pantalon à boutons difficiles à défaire, à bretelles. Préférez les pantalons à élastique.
- **Ne soyez pas complètement passive** en le laissant vivre en couches le jour, après 30 mois.

Les gestes qui peuvent bloquer votre enfant

L'observation suggère que, si chaque enfant a son heure pour la maîtrise de ses sphincters, lorsque cette heure n'est pas saisie, lorsqu'on ne lui a pas proposé une situation positive mais que l'on a poursuivi l'occlusion, l'enfant s'éduque alors à vivre ainsi. Il y prend un plaisir positif, il se sent en sécurité dans ses excréments, une crypto-éducation s'est faite. On aura alors parfois bien du mal à trouver un mode de fonctionnement cyclique.

- Ne lui demandez pas d'attendre lorsqu'il manifeste l'envie d'uriner, il est normal vers 3 ans que l'envie soit urgente.
- Ne le forcez pas à regarder ses matières évacuées par la chasse d'eau, il pourrait avoir peur.

Les erreurs que vous devez éviter

- Ne l'humiliez pas en lui disant « *comme ça sent mauvais, et comme c'est dégoûtant* » pendant que vous nettoyez son petit derrière.

- Il n'est pas question de lui plonger le nez dans son pipi ou ses excréments par terre.
- N'essayez pas d'instaurer un système irrégulier : essais de propreté le matin, remise des couches l'après-midi.
- N'essayez pas de le rendre propre le week-end pour le laisser vivre en couches la semaine.
- Ne conditionnez pas l'entrée à l'école à l'acquisition de la propreté *(voir page 120)*. ■

Prenez vous-même en charge sa propreté

Ne demandez pas à une nourrice rigide d'avoir pour objectif de rendre propre votre enfant. Mieux vaut vous en occuper vous-même si vous sentez que la nourrice risque de ne pas respecter les préceptes précédents. Autour de 18 mois, les séances de mise sur le pot peuvent être l'occasion d'échanges très intenses en affects entre l'adulte et le bébé. C'est pourquoi votre enfant peut parfois être choqué par telle ou telle réflexion de la nourrice sans même que vous le sachiez.

La constipation, quelle histoire !

Un diagnostic souvent trop rapide.

En tant que maman, vous avez tendance à transposer vos propres problèmes sur ceux de votre bébé et il est tout à fait fréquent de voir les mères constipées prêter les même symptômes à leur enfant…

Dès les premières semaines de votre bébé, vous êtes souvent très préoccupée par les problèmes de constipation. Il est difficile en effet d'admettre que les bébés ont des coliques inexpliquées qui sont loin d'être toujours en rapport avec la constipation. Ainsi, par exemple, les bébés nourris au sein ont théoriquement une petite selle liquide à chaque tétée, mais c'est loin d'être la généralité et j'ai connu nombre de bébés au sein, merveilleusement allaités, bien nourris et bien développés qui n'ont de selles que tous les 4 ou 5 jours. On ne peut alors parler de constipation, car ils émettent une grande selle liquide qui ne gênait en rien leur transit.

Mais si ces bébés ont des coliques, vous aurez souvent tendance à attribuer ces symptômes à la constipation. De même, au biberon, il arrive que les nourrissons n'aient pas une selle chaque jour, mais seulement tous les deux ou trois jours, sans que cela ait une signification pathologique. ■

Vous ne devez pas vous inquiéter si…

Si le nourrisson a des gaz, s'il boit bien et ne vomit pas, l'ensemble de ces éléments prouve qu'il ne souffre pas d'une occlusion. Il produira au bout de 3 à 4 jours une selle abondante, souvent liquide.

En cas de vraie constipation

Les signes d'alerte.

Une consultation rapide doit s'imposer en cas de constipation chez un bébé qui ne grossit pas, n'émet pas de gaz, ou qui vomit.

On peut parler de vraie constipation en revanche si votre bébé émet des selles dures, gênant la vidange intestinale, entraînant même parfois un petit saignement de l'anus par écorchure. Dans ce cas, vérifiez que votre nourrisson a émis son méconium (la première selle noirâtre après la naissance) dès les premières 24 heures à la maternité. Si ce n'a pas été le cas, il faut en parler au pédiatre car la constipation peut alors exceptionnellement entraîner la recherche d'une maladie précise de l'intestin.

Si votre bébé est réellement constipé, vous pouvez l'aider à avoir des selles, mais il faut veiller à ne pas avoir de gestes intempestifs qui ensuite pourraient retentir sur l'acquisition de la propreté. En effet, si, comme beaucoup de nourrices, grands-mères ou mamans anxieuses, vous essayez de stimuler l'évacuation de l'intestin avec un thermomètre, avec un suppositoire de glycérine, voire avec un petit lavement, vous risquez d'habituer

Surveillez sa courbe de poids

Ne faites pas un drame de la constipation de votre enfant s'il a une belle courbe de poids. Il apprendra petit à petit à pousser pour vider son intestin, ce qui peut le faire devenir un peu rouge... mais la vie se fait d'emblée au prix de quelques efforts.

Passé 4 mois, il est rare que les mamans se plaignent de la constipation de leur bébé.

votre enfant à ne pas pouvoir évacuer ses selles sans ces aides et vous stimulez les zones érogènes de l'anus. Au moment où il prendra conscience, entre 12 et 18 mois, de l'évacuation de son rectum, il aura le souvenir de vos interventions et fera des associations sensorielles qui pourront nuire à l'apprentissage serein de la propreté.

Lorsqu'elle survient à partir de 18 mois

La piste psychologique.

Le problème réapparaît au moment de l'apprentissage de la propreté. Chez l'enfant de plus d'un an, la constipation est généralement d'origine psychologique, en rapport avec une perturbation de la relation autour de la maîtrise

Evitez toute manœuvre par voie basse

Préférez les méthodes suivantes :

- Si vous allaitez, mangez des aliments riches en fibres ainsi que des fruits.
- Si vous nourrissez bébé au biberon, préparez un ou deux biberons par jour avec de l'eau riche en magnésium (Source Hépar) à la place de l'eau minérale habituelle, car le magnésium régule la motricité intestinale.
- Vous pouvez aussi lui faire prendre une cuillerée à café d'huile de paraffine en sirop.
- Ou essayez une cuillerée à café de jus d'orange ou de jus de pruneau dans 30 grammes d'eau une fois par jour. Encore que l'introduction d'aliments autres que le lait ne soit pas vraiment conseillée avant 4 mois, car ils risquent de rendre bébé allergique.

Lorsque les selles sont retenues dans le rectum, elles se dessèchent et forment des résidus très durs qu'on appelle fécalomes. Ceux-ci peuvent entraîner des maux de ventre et, lors des émissions, fissurer l'anus. La douleur va entretenir la constipation car l'enfant se retient de plus en plus.

sphinctérienne. Lorsque vous êtes trop coercitive ou culpabilisante, lorsque la nourrice a pu avoir des mots maladroits, l'enfant devient constipé. De même lorsque le bébé a été mis trop précocement sur le pot, lorsqu'on l'a forcé à rester assis ou s'il n'a pas réussi. Ainsi, une nourrice elle-même constipée peut vouloir mettre de force l'enfant sur le pot. Cela peut partir d'un bon sentiment, elle ne veut pas qu'il revive ce qu'elle vit cela peut arriver aussi de la part d'une maman ou d'une grand-mère.

L'enfant qui ainsi a été forcé ou grondé apprend à se retenir et devient constipé, surtout en plein âge d'opposition. Je citerais volontiers là le psychologue américain F. Dodson : « *Supposez qu'en ce moment, au milieu de votre lecture, un géant de 3 mètres de haut vienne tout à coup vous soulever, vous emmène aux toilettes et vous dépose sur le siège en vous annonçant d'une voix forte et impérative : "C'est l'heure d'aller à la selle", supposons alors qu'il vous oblige à rester assis là pendant 10 minutes, quelle serait votre réaction ? La même que celle de votre enfant dans des conditions analogues…* ».

Un bon transit sur ordonnance

Une série de mesures à prendre.

- Le traitement de la constipation consiste d'abord à donner un régime alimentaire facilitant le transit intestinal, c'est-à-dire favoriser la prise de fruits

Les laxatifs puissants sont exceptionnellement nécessaires. Ils peuvent rompre le rythme normal des contractions intestinales et provoquer des coliques douloureuses. Aussi ne les utilise-t-on qu'en cas de crise aiguë.

crus et de salades, mais ceci peut être difficile à imposer à un enfant de cet âge-là. Les corn-flakes, les céréales de flocons d'avoine, le pain complet peuvent également aider le transit. En revanche, il faut éviter les pommes cuites, les bananes, le riz, le chocolat et le sucre.

- Des médicaments doux peuvent aider l'enfant et éviter que les douleurs de constipation n'entraînent un blocage de plus en plus grand et une rétention des selles : de l'huile de paraffine, en sirop ou en gelée ; un sirop de pomme de reinette.
- Les suppositoires de glycérine et les mini-lavements pour bébés nécessitent absolument un avis médical car ils ne doivent pas être utilisés trop fréquemment. Ils pourraient provoquer des irritations ou des fissures de l'anus, et même du rectum, aboutissant à des douleurs aggravant encore la constipation. On ne les utilise qu'en cas de subocclusion, et il faut alors appliquer des mesures psychologiques de rééducation.

Les mystères de l'encoprésie

Quand votre enfant se cache...

Les échecs dans l'acquisition de la propreté sphinctérienne peuvent entraîner l'encoprésie. Ce trouble est défini précisément comme « *l'émission de matières fécales dans des endroits non appropriés, de façon involontaire ou délibérée, chez un enfant d'âge chronologique ou d'âge mental d'au moins 4 ans, le trouble survenant de façon durable depuis au* *moins 6 mois, à une fréquence d'au moins une fois par mois. »*

L'encoprésie survient souvent secondairement, après une période de continence fécale, mais peut également être primaire. Il s'agit plus souvent d'un trouble diurne que nocturne. Elle atteint 3 ou 4 garçons pour une fille. On la rencontre actuellement chez 1,5 % des enfants âgés de 5 ans. Dans un quart des cas, elle est associée à une énurésie (perte des urines dans la culotte ou les draps).

Le jeu de l'enfant avec ses sphincters est connu : « Poil de carotte qui, dans son lit, se retient tant qu'il peut jusqu'à céder, heureux d'un bonheur absolu. »

L'encoprésie est précédée d'une rétention opiniâtre des selles aboutissant à la perte du réflexe de défécation. Le remplissage du rectum ne provoque plus alors le besoin impérieux d'émettre les selles qui se dessèchent. En réaction, l'intestin sécrète plus de liquide et des fuites surviennent dans la culotte entre les épisodes de rétention. L'encoprésie est donc généralement une conséquence de la constipation par blocage psychologique. L'enfant cherche à s'isoler. Il s'accroupit et fait de violents efforts pour retenir ses selles, ce que vous pouvez confondre avec des efforts pour les expulser, ou avec des douleurs abdominales.

De la constipation à la dépression

L'encoprésie entraîne une baisse d'estime de soi avec un sentiment de honte et de culpabilité qui, à plus ou moins long terme, peut se compliquer par un syndrome dépressif. La pathologie de la relation mère-enfant ou père-enfant est évidente pour les médecins ; des facteurs constitutionnels, tels qu'une constipation, ne jouent qu'un rôle déclenchant ou aggravant.

Avec le temps, le fonctionnement intestinal s'émousse, la sensation de besoin est moins bien perçue. Lorsque les moyens de rétention de l'enfant sont débordés, une partie des selles se liquéfie et franchit le sphincter : l'encoprésie devient un débordement des selles quotidien avec une culotte toujours souillée. C'est vraiment une situation très pénible.

Comment réagir devant l'encoprésie ?

Une psychothérapie peut être nécessaire.

Il faut surtout éviter les sanctions et l'humiliation. Celles-ci entraîneraient une aggravation du repli de l'enfant sur lui-même. Le traitement a recours à des laxatifs doux pour éviter toute rétention ; à une rééducation, l'enfant devant être assis sur son pot, à heure fixe, pendant 10 minutes matin et soir, tandis qu'il a le droit de jouer ou de lire.

Si l'encoprésie est installée avec une constipation rétentionnelle depuis longtemps, la psychothérapie est nécessaire.

Pour éviter une situation aussi désagréable et nuisible à l'enfant, nous avons bien passé en revue les erreurs *(p. 79)* contre lesquelles je vous ai mis en garde. Il faut éviter de dresser l'enfant à la propreté de façon coercitive. C'est pourquoi je pense extrêmement important que vous connaissiez aussi ma méthode de propreté à la couche *(voir p. 106)*. ■

L'histoire de Conrad

Le bébé qui avait mal au ventre.

Conrad m'est amené à l'âge de trois ans pour la première fois. Sa maman, très désemparée, m'annonce d'emblée : « mon enfant a un grave problème d'intestin, mais personne n'en trouve la cause. Il souffre énormément ».

C'est un beau garçon très craintif. Lorsque sa mère entre dans mon cabinet, il s'échappe pour retourner dans la salle d'attente. Je demande à sa maman de ne pas insister pour que nous fassions d'abord connaissance toutes les deux. Pendant que l'enfant joue à côté, je parcours avec elle le carnet de santé de Conrad : il apparaît d'emblée que le bébé lui a procuré quelques soucis pendant son premier semestre. Allaité durant quelques semaines, rapidement nourri en allaitement mixte, il a connu de nombreux changements de lait. Le carnet de santé fait apparaître des régurgitations ayant motivé des examens complexes et agressifs, des traitements médicaux.

Je demande à la maman de me parler de cette période : une période sombre, toute en pleurs du bébé et en visites médicales. Conrad est le premier enfant de Cécile, un nouveau-né magnifique (4 100 g), venu par césarienne – « *à ce poids-là, vous pensez !* » L'allaitement au sein a tout de suite été difficile, le bébé n'arrivant pas à se satisfaire pendant les tétées, pleurant beaucoup, la maman ayant l'impression de ne pas avoir assez de lait. Elle l'a donc rapidement complété avec le biberon : mais le nourrisson semblait souffrir de coliques, de flatulences.

Après de nombreux essais diététiques infructueux, les médecins ont imputé ces dou-

Malgré le traitement de cette œsophagite, l'enfant a continué à présenter des crises douloureuses : à quatre mois encore, il repliait les jambes sur lui-même, et semblait souffrir de constipation.

leurs à des acidités remontant dans l'œsophage lors de reflux peu apparents, mais décelés à la fibroscopie. De nombreux traitements adjuvants ont été essayés, l'atmosphère était très tendue à la maison, les fins de journée difficiles.
La tension s'est un peu dénouée à partir de l'âge de six mois : avec l'introduction de l'alimentation variée, les problèmes digestifs ont semblé s'apaiser. « *Notre seule bonne période,* me dit-elle, *a été cette tranche de six mois à un an* ».

A un an, Conrad a commencé à avoir des troubles du sommeil. L'ayant confié en nourrice la journée pour reprendre son travail, sa maman a pensé qu'il avait besoin d'elle et a commencé à se lever plusieurs fois par nuit pour le consoler. « *Depuis,* me dit-elle, *nous n'avons jamais dormi une nuit complète, ni mon mari, ni moi, car il arrive que ce soit le père qui se lève pour rassurer Conrad. Lorsque l'enfant voit ses parents, il se rendort. C'est aujourd'hui toujours son problème numéro un.* »

Belle-maman prend les choses en main

Sur le plan digestif, les douleurs abdominales et les difficultés pour aller à la selle sont réapparues avec l'éducation sphinctérienne. En effet, la maman a commencé à proposer le pot à Conrad à l'âge de 15 mois. Alors que la famille était en vacances chez les grands-parents paternels, la belle-mère incita la maman à enlever les couches, et à mettre Conrad sur le pot. Cécile adhéra à cette proposition, en pensant que « *cela aiderait l'enfant à mieux évacuer ses intestins* ».

Au début, il y eut quelques succès pour les selles car « *mon bébé était bien réglé, juste après le biberon du matin* ». Il était donc facile d'obtenir une évacuation quotidienne. La grand-mère se félicita de l'initiative qu'elle avait prise, on montra à Conrad combien on était fier de ses progrès. En revanche, on lui laissait les couches la journée, estimant qu'il était un peu tôt, à 15 mois, pour proposer la propreté urinaire : celle-ci ne connaissant pas un rythme défini, il serait difficile à l'enfant de se contrôler.

Les grands-parents doivent être réservés dans leurs principes. Ils sont rarement applicables à leurs petits-enfants, car tout dépend de la sensibilité des parents.

Au retour des vacances chez les grands-parents, Conrad retrouva sa nourrice et celle-ci, avertie des progrès, félicita la mère pour cette acquisition et proposa d'en faire maintenant autant pour les urines : elle avait élevé onze enfants, elle « s'y connaissait ». Les parents décidèrent de la laisser faire ; lorsqu'ils reprenaient l'enfant le soir, ils ne faisaient pas d'éducation particulière.

Conrad rechute et refuse obstinément le pot

La maman de Conrad m'explique alors que l'enfant connaît une régression, ne fait plus ses selles le matin, mais n'importe quand et particulièrement dans sa couche le soir. « *Une fois même*, me dit-elle, *il a fait dans le bain, et*

La mère est d'autant plus soucieuse qu'elle doit inscrire Conrad à la maternelle. La directrice l'a prévenue que l'enfant devait être propre.

semblait prendre du plaisir à jouer avec ses excréments. Je sais qu'il faut être tolérant, mais tout de même, c'était vraiment dégoûtant, je n'ai pu faire autrement que de me fâcher très fort ». Depuis, Conrad n'a pas refait dans le bain mais il vit actuellement une dérégulation de son transit.

La nourrice se plaint qu'il y a beaucoup "d'accidents". A la maison il ne veut pas s'asseoir sur le pot, hurle. Cela semble vraiment une épreuve pour lui. Les toilettes n'ont pas plus de succès. Conrad semble attendre qu'on lui mette la couche le soir en rentrant pour faire ses selles. Il les fait aussi dans la couche pendant sa sieste, mais jamais dans le pot sur lequel il refuse obstinément de s'asseoir. « *Nous avons tout essayé* me dit la mère, *je me suis fâchée, je l'ai félicité les rares fois où nous obtenions un résultat dans le pot : que ce soient les récompenses ou les punitions, rien ne marche.* »

Quand tout le monde s'en mêle…

Conrad désire aller à l'école, mais je lui ai expliqué qu'il ne pouvait pas y aller tant qu'il ne serait pas propre. La nourrice le soupçonne de mauvaise volonté. Cécile semble partager cet avis. Le père, lui, estime que « *tout cela n'a pas d'importance, on ferait mieux de ne pas en parler, et de laisser l'enfant en couches* ». Mais la maman vit la pression des grands-parents, de la nourrice et de l'entrée à l'école. Elle exprime un état fusionnel

La maman reparle des problèmes de propreté, à ce moment-là, Conrad vient frapper sa mère et se sauve.

avec son enfant en ce qui concerne le transit intestinal : « *Actuellement,* me dit-elle, *c'est pire que jamais car il a très mal au ventre et hurle pour aller à la selle. J'ai été obligée de lui faire un lavement avec un microlax, il faut que je lui masse le ventre pour qu'il puisse faire une selle. Nous sommes donc en blocage complet, il ne fait ses selles que tous les deux ou trois jours, et pour le pipi , c'est n'importe quand, n'importe où. Je suis découragée, le pédiatre gastro-entérologue a refusé de faire des examens de l'intestin en m'expliquant que c'était psychologique, mais je ne vois pas ce que nous pouvons faire actuellement.* »

Pendant cette conversation, Conrad réapparaît dans mon bureau en tirant la main de sa mère pour l'entraîner dans la salle d'attente. Sa maman lui explique qu'elle doit parler avec moi, et nous gardons Conrad avec des jouets en fermant la porte. Mais l'examen ne s'avère pas souhaitable, l'enfant ne voulant pas être dévêtu. Je le rassure sur le fait que nous ne le déshabillerons pas, et je commence à jouer avec lui. L'enfant se détend alors considérablement.

De père à fille ?

Je demande à Cécile s'il y a une solution pour faire évoluer l'environnement éducatif de Conrad : elle ne m'a pas parlé de sa mère, seulement de sa belle-mère… La maman m'explique que sa mère, qui vit dans le Sud, n'est absolument pas préoccupée des problèmes de propreté, à tel point qu'elle ne s'est jamais intéressée aux maux de ventre dont souffrait Cécile quand elle était petite fille. « *Heureusement que mon père me demandait souvent quand j'étais allée à la selle et me donnait des laxatifs car ma mère ne s'en souciait absolument pas et n'aimait pas qu'on en parle !* » Actuellement, ses rapports avec sa mère sont corrects mais sans plus.

Je lui dis que Conrad aurait besoin d'un recul par rapport aux problèmes de la propreté : peut-être devrions-nous l'envoyer quinze jours chez sa grand-mère maternelle de façon à soulager la maman tant des insomnies que des crises de maux de ventre ? Ces quinze jours pourraient être mis à profit pour trouver une nouvelle nourrice car celle-ci ne semble pas très positive. Tout ce chambardement rebute la mère. Je propose à la maman des entretiens psychothérapeutiques. Cette hypothèse l'inquiète : « *Mon mari en a assez de cette histoire, nous avons déjà vu un pédiatre gastro-entérologue, il ne voudra pas que nous allions chez le psychologue.* »

Convaincre la maman qu'une distanciation avec son enfant est indispensable pour ne pas susciter des difficultés plus profondes prend du temps.

Elle accepte cependant une réorganisation temporaire du mode de garde. Il partira chez sa grand-mère maternelle avec les consignes suivantes :

- lui laisser les couches en permanence,
- ne pas parler des problèmes de propreté.

C'est pourquoi je lui explique que je choisis la grand-mère maternelle, car elle est justement neutre à ce sujet et vit seule actuellement. « *Oui,* me répète-t-elle, *c'est mon père qui était vigilant pour moi.* »
Nous convenons donc que l'aïeule pourra le laisser

Pour la rassurer, je prescris un laxatif doux, en lui expliquant que je ne le pense pas nécessaire.

en couches toute la journée, sans connotation d'éducation de la propreté.

La mère me demande que faire « *si Conrad se plaint auprès de sa mamie d'avoir mal au ventre* ». Je recommande de proscrire tout lavement, suppositoire, usage du thermomètre ou manœuvre par voie basse. Je lui propose de parler moi-même au téléphone avec la grand-mère. Celle-ci pourra m'appeler à mon cabinet si elle a des questions à poser ou des difficultés. Mais en aucun cas, les questions de la propreté ne doivent être évoquées pendant ces quinze jours entre la grand-mère et sa fille.

Nous établissons un programme de deux consultations par semaine pendant l'absence de Conrad • l'une, avec le père seul, • la suivante, avec les deux parents, • les deux suivantes, avec la mère seule.

Un bien étrange grand-père

Le père de Conrad se montre ouvert pour l'entretien. Il me dit trouver que son épouse est beaucoup trop préoccupée de l'évacuation de l'intestin. A tel point qu'elle a réussi à lui transmettre son anxiété lorsque le bébé avait des coliques importantes. Il avait alors accepté volontiers le bilan gastro-intestinal et les nombreux médicaments donnés au bébé. Maintenant, le père est persuadé que c'est le comportement de

Les crises de constipation douloureuse ne surviennent pas lorsque le papa est là, uniquement lorsque l'enfant est seul avec sa mère.

la mère qui induit les troubles sphinctériens et la constipation rebelle de son fils et se demande si les coliques initiales n'étaient pas aussi d'origine purement psychologique.

Lui me dit ne pas avoir été inquiet au cours de la deuxième année par l'acquisition de la propreté. Il avait trouvé que sa propre mère avait déclenché une angoisse chez sa femme. Il regrettait de ne pas être intervenu à ce moment-là, mais avait considéré que ce sujet n'était pas de son ressort. Maintenant, il est forcément impliqué puisque l'enfant est anxieux, se sent honteux d'aller à la selle, se réveille toutes les nuits.

Il me raconte que Cécile a été conditionnée à l'importance de l'évacuation de l'intestin par son propre père, un rôle que le père de Conrad se refuse à adopter, qu'il considère comme néfaste. Il a cru comprendre d'après les confidences de sa belle-mère que le grand-père maternel avait "dans d'autres domaines" un caractère obsessionnel et pervers qui a joué un rôle dans la séparation précoce des parents.

La grand-mère maternelle avait demandé le divorce « *pour des comportements pénibles à supporter* ». Faisant allusion un jour devant lui au motif de leur séparation, elle avait eu ce marmonnement : « *on ne peut pas toujours comprendre pourquoi les gens se séparent, il faudrait savoir ce qui se passe dans leur lit.* » Il était resté frappé par cette réflexion, et se demandait si le grand-père n'avait pas des comportements angoissants à propos des sphincters et s'il n'avait pas

N'aimant pas non plus la nourrice qu'il sentait répressive, le papa adhère à mes propositions, et se trouve soulagé de voir son petit partir chez la grand-mère maternelle.

transmis cette inquiétude à sa fille. Il s'était préoccupé de ces histoires en voyant l'importance de l'interaction entre Conrad et Cécile à propos de l'évacuation des intestins. Il avait été soulagé par la relation que sa femme lui avait faite de notre entretien.

Heureux que j'aie souhaité le voir, il me demande volontiers quel rôle il peut jouer aujourd'hui. Car il craint que la problématique ne se pose à nouveau dès le retour de l'enfant : « *Vous comprenez, docteur, Conrad va retomber dans la même spirale infernale* ». Je lui demande qu'on prenne une nouvelle nourrice, agréée de façon à avoir un contact avec l'équipe de puéricultrices qui superviserait l'assistante maternelle.

Je demande à voir cette nourrice avant de lui confier Conrad de sorte à ne pas recréer d'interaction négative au retour de l'enfant. Je conseille de profiter de ces quinze jours de sérénité, pendant lesquels les parents n'auront pas à parler des problèmes intestinaux de Conrad, pour sortir entre parents et passer des nuits sans réveils d'enfant. C'est un programme qui intéresse visiblement le père…

L'intestin de bébé n'est pas malade

La maman de Conrad reviendra me voir seule. Cécile me révèle qu'elle avait ressenti une certaine frustration à ne pas avoir été présente lors de la dernière consultation. Elle est contente d'être

Contrairement au programme convenu, le père n'est pas venu. La mère m'explique qu'il était tout à fait satisfait de notre entretien mais que son travail l'occupait trop pour venir au rendez-vous. De toute façon, il avait jugé plus utile actuellement que nous puissions parler entre femmes.

là, et seule. Je commence par revenir sur sa préoccupation du fonctionnement intestinal. Un petit cours organique me permet de lui expliquer comment chacun a son propre transit, chacun a sa longueur d'intestin, ceci n'a pas de signification pathologique, ne nécessite pas d'examens complémentaires. Le pédiatre gastro-entérologue avait donc été sage de refuser des investigations complémentaires. Ces investigations auraient supposé un lavement baryté et des enregistrements manométriques par voie rectale ; examens éprouvants pour un enfant qui a déjà de tels problèmes. La mère se montre intéressée par ces explications. Mais encore non convaincue, elle proteste qu'il a de petites fuites de selles entre ces périodes de constipation. Je lui explique que l'enfant se retient de peur d'aller à la selle : le côlon réagit par ces fuites.

J'ai l'impression d'aborder une question lancinante pour elle, celle de l'organicité, l'image d'un enfant qui aurait "un gros intestin paresseux" : lorsqu'elle était petite, son père l'avait conduite chez un généraliste, il avait dit qu'elle avait une tendance à la constipation et à faire des selles "énormes" parce qu'elle avait un "très volumineux gros côlon".

Je suis formelle : « ses intestins vont bien, c'est psychologique ; nous allons essayer de comprendre ensemble. »

Je lui demande alors ce qu'elle pense d'une telle implication paternelle dans les fonctions digestives d'une petite fille, ce qui n'est pas habituel dans les rapports père-fille. Elle me dit qu'elle en avait conçu une grande gratitude pour son père, c'est ce qui les avait "rapprochés" lorsqu'elle était petite. Cette complicité avait le

Examiner son côlon aurait supposé des examens douloureux. Même sous anesthésie générale, il aurait eu des sensations désagréables au réveil, dans une zone de son corps qui est justement une problématique pour lui actuellement.

don d'énerver sa mère et les parents se sont séparés alors qu'elle avait 9 ans, la mère reprochant en permanence au père de ne pas laisser la petite "respirer". Elle était alors restée sous la garde de sa mère. S'étant remarié, son père ne cherchait pas à prendre souvent l'enfant avec lui. Elle eut alors un sentiment d'abandon paternel.

Elle avait grandi en fréquents conflits avec sa mère. Celle-ci lui faisait régulièrement des confidences : c'était "au lit" que cela n'allait pas entre son mari et elle. Maintenant, elle n'abordait plus que très rarement ces questions. Je lui demande si elle a de bons rapports avec son mari. « *Oui, je n'ai pas à me plaindre : c'est un mari affectueux qui a des rapports sexuels "normaux"* ». Je lui demande comment se passe cette période sans Conrad pour leur couple. Après un désarroi de deux jours, elle a commencé à sortir et à se détendre avec son mari, à prendre goût aux nuits où l'on ne guette plus les pleurs de l'enfant.

Conrad s'amuse !

Cécile a téléphoné à sa mère : Conrad s'amuse, il semble mieux dormir chez la grand-mère. Elle m'avoue avoir transgressé mes demandes en osant une question sur la constipation. La grand-mère n'a pas répondu, mais a dévié la conversation sur la séance de natation de son petit-fils. La maman comprit que sa mère tenait à remplir le contrat. La grand-mère ne m'a pas appelée pour la problématique intestinale, comme je le lui avais proposé. J'en déduis qu'elle a peu de difficultés. Cécile me demande si sa mère m'a téléphoné. Je lui réponds indirectement de ne pas s'inquiéter, tout va bien. Nous parlons de la recherche de la nourrice : elle a une solution transitoire grâce à une jeune nièce qui se propose de venir garder Conrad à la maison le temps que nous trouvions une bonne nourrice. Nous nous quittons paisiblement. Elle semble très détendue.

De l'anatomie au psyché

Cécile revient préoccupée : « *Que ferai-je lorsque Conrad sera de retour, s'il m'appelle en me disant qu'il a mal au ventre et s'il reste constipé plusieurs jours ? Parce que, si cela se trouve, il continue à l'être chez ma mère, elle ne nous le dit pas puisqu'elle n'avait pas à nous le dire…* »

Je lui décris à nouveau la fonction de l'intestin. Je lui explique donc qu'il ne faudrait pas prendre le problème à l'envers et attribuer à la fonction intestinale ce qui est une conséquence psychologique de la peur d'évacuer.

Nous revenons sur l'explication de la constipation rebelle. Je souligne combien la préoccupation dont Conrad a fait l'objet par rapport à l'évacuation de ses intestins a pu entraîner une peur à la fois psychologique et organique d'évacuer ses selles : les sphincters bloquant l'émission entraînent une constipation et une déshydratation de la selle qui devient encore plus douloureuse à évacuer.

C'est là le cercle vicieux de constipation et douleurs. Les petites fuites de selles dans la culotte proviennent du travail de l'intestin pour se vider, travail de lutte contre le sphincter qui craint d'avoir mal. Ne peut-on pas comprendre qu'un petit garçon ait peur de perdre une partie importante de son corps en découvrant ses selles ? « *Ah oui !* me dit-elle, *depuis qu'il a fait dans le bain, il ne veut plus voir ses selles et pleure lorsque je le change.* »

Je lui explique que nous allons essayer de rassurer Conrad par rapport à toute cette problématique. Elle me demande s'il n'est pas trop tard maintenant pour réparer ces dégâts psychologiques. Je la rassure : l'enfant est très jeune, il n'a que 3 ans, toute maman fait des fautes, et nous allons dénouer la situation au retour de Conrad. Elle part réconfortée avec la promesse de nous revoir encore une fois avant l'arrivée de l'enfant.

La vie de couple

A la consultation suivante, elle me parle surtout de sa vie de distractions avec son mari.

Elle est à la fois impatiente et craintive à l'idée de retrouver son enfant. J'insiste sur l'importance de la présence du père de Conrad auprès de sa femme pour ces retrouvailles et nous convenons qu'il fera le maximum pour se libérer. J'insiste aussi pour qu'aucune question ne soit posée à la grand-mère concernant la propreté et le transit de l'enfant.

Quoi qu'il se soit passé pendant le séjour, nous allons passer un nouveau cap. Nous convenons aussi qu'au retour de l'enfant, il n'y aura aucune tentative d'éducation, nous laisserons les couches jusqu'aux quelques jours suivants où nous nous reverrons. Je demande que la maman vienne avec la jeune nièce qui aura la garde de Conrad.

Retour aux couches sans complexes

Je revois Conrad trois jours après son retour, accompagné de Cécile et de la jeune nièce qui a une vingtaine d'années. Conrad entre très volontiers dans mon bureau et se précipite avec enthousiasme sur le panier de jouets. Je lui explique que s'il veut, je peux le mesurer pour voir s'il est grand : mais alors, il faudrait enlever ses chaussures. Il est d'accord pour être mesuré ou pesé, debout sur la grande balance. Je ne propose pas un examen allongé, de façon à ne pas agresser l'enfant sur le plan somatique. Il est épanoui et continue de jouer. Sa maman me demande si elle peut parler devant lui, je l'y encourage.

« *Et s'il a mal au ventre ?* » Je lui conseille d'expliquer à l'enfant que ses maux de ventre ne sont pas graves, il faut qu'il se débrouille seul. Ce sont des patraqueries plus qu'une maladie.

Elle me raconte qu'il a donc vécu en couches chez sa grand-mère maternelle, qu'il n'a pas eu mal au ventre, qu'il n'a pas été constipé. On n'a pas parlé de la propreté, mais elle ne sait plus ce qu'elle doit faire maintenant à la maison. Je demande de continuer deux semaines de la même façon en laissant en permanence les couches à Conrad. L'enfant s'interrompt dans son jeu, me regarde fixement, puis reprend son jeu. Je dis à la maman que s'il persiste à se plaindre, elle peut me téléphoner. J'explique ostensiblement que Conrad est très heureux avec sa couche. Dès qu'il l'a, il n'a plus mal au ventre. Nous allons en rester là et reparlerons de la propreté à la prochaine consultation. Je fixe un nouveau rendez-vous à quinze jours, ce qui rassure beaucoup Cécile, car elle se sent assez désemparée par mon abstentionnisme. Je demande à la baby-sitter de ne chercher aucune performance du côté de l'éducation sphinctérienne, et d'éviter toute réflexion négative en nettoyant l'enfant.

Conrad est propre "à la couche"

Lorsque nous nous revoyons, la situation est toujours au même point : aucune douleur abdominale, aucune constipation, l'enfant fait ses urines et ses selles dans la couche. Mais en même temps la jeune fille me dit qu'il pleure maintenant lorsqu'elle lui met le change ; elle s'est permis de lui proposer le pot, mais Conrad a refusé obstinément et a voulu courir les fesses nues dans l'appartement. Elle n'a su que faire et n'a pas insisté.

Un enfant qui ne salit pas sa culotte et attend sa couche pour « faire » est un enfant propre : il a acquis la maîtrise de ses sphincters.

Je propose que nous passions à une étape suivante. D'abord j'examine l'enfant, cette fois-ci jusqu'au lit d'examen : il s'allonge gentiment, je palpe doucement en lui disant que son ventre va très bien, qu'il est un très bon petit garçon. La jeune fille me dit qu'elle a donc essayé de le laisser sans couche, de jouer avec lui sur le pot, mais il pleure, se relève… et dès qu'elle met la couche, *« l'enfant fait pipi ou sa selle dans la couche »*. Elle l'a changé et lui a remis une autre couche, elle ne voit pas comment faire, puisqu'il ne veut pas aller sur le pot. Je fais observer les progrès accomplis par Conrad : il est capable de se retenir puisqu'il n'a pas fait dans sa culotte, il s'est même retenu sur le pot.

Mais il a peur, en particulier de voir ses excréments. Sans doute faudrait-il le laisser faire dans son change, mais uniquement lorsqu'il en a besoin ? Je m'adresse à Conrad en lui disant « *Tu sais, c'est très bien que tu fasses dans ta couche* ». L'enfant cesse son jeu pour me regarder, surpris. « *Désormais, nous pouvons enlever ta couche pour que tu sois à l'aise en culotte, mais nous la remettrons pour faire tes besoins* ». Il semble tout à fait d'accord et retourne à son jeu. Je demande qu'on ne réagisse surtout pas si les choses ne se passent pas de façon positive, c'est simplement un essai. Nous reprenons rendez-vous dans quinze jours.

« Il est désormais tout à fait propre »

La famille ne revient pas et je crains qu'il n'y ait eu un échec. Je ne revois Conrad que six mois plus tard.

Lorsque je revois l'enfant pour une bronchite, la maman ne me parle pas du tout de propreté. Je me risque à demander si la rentrée scolaire s'est bien passée, s'il a une gentille institutrice. Conrad me dit avec un bon sourire qu'elle s'appelle *"maîtresse Catherine"*. Le climat semble heureux, les parents n'ont pas trouvé de nounou qui leur convienne, aussi la mère a-t-elle dû laisser l'enfant, contrairement à ses projets, jusqu'à 16 h 30 à la maternelle. Il y déjeune et fait la sieste. La nièce, qui est étudiante, vient le chercher à la sortie de l'école.

Conrad n'a plus de troubles du sommeil depuis le retour du séjour chez sa grand-mère.

La maman ne parlant pas de la propreté, j'en conclus qu'il n'y a pas de problème. Je lui demande s'il n'a plus d'épisodes de maux de ventre. A ce moment, la maman sourit et me dit : « *Ah oui, c'est vrai, j'avais oublié ! Non, il n'a plus de maux de ventre et il est tout à fait propre, la journée, à la sieste ; il demande de ne plus mettre de couche pour la nuit parce qu'il aimerait dormir sans, mais je n'ai pas osé la lui enlever.* »

La situation semble s'être considérablement apaisée. Je l'encourage à répondre aux demandes du petit garçon. Nous convenons de nous revoir à titre systématique dans six mois pour surveiller la croissance de Conrad car je ne suis pas encore certaine qu'il n'y aura pas une rechute de ses troubles sous une autre forme. Mais la situation actuelle est remarquablement positive. Conrad oublie et s'amuse. Le couple parental revit. Conrad est "propre à la couche". ■

La fin d'une spirale infernale

Conrad a ainsi illustré une cascade d'interactions négatives, depuis l'obsession du grand-père envers Cécile, puis les angoisses de Cécile transmises à son fils. La situation semble s'être dénouée mais il faut noter que l'enfant a de petites plaques d'eczéma au niveau des coudes et des genoux. Je ne savais pas qu'il avait fait de l'eczéma auparavant. La maman me raconte qu'elle même est allergique et que Conrad avait eu effectivement un eczéma important au début de sa deuxième année. Je lui reparle d'un suivi psychologique en lui expliquant que l'eczéma peut être signe de souci. Elle me dit qu'elle y réfléchira. Mais visiblement elle n'est pas encore prête à faire ce travail, et nous convenons que nous nous reverrons dans trois mois.

L'apprentissage avec la couche

Une méthode très intéressante.

La mère d'Edouard était excédée :
_« *Docteur, je le mets sur le pot, il proteste, il ne fait rien ; je lui remets sa couche, ça y est, il fait ses urines ou sa selle !* »
_« *Alors, Madame, il est propre !* »
_« *Mais non, il ne fait pas dans le pot* »
_« *Il sait se retenir et faire quand il faut, où il faut : dans sa couche. Il est propre à la couche et non au pot* ».

Les mères sont toujours étonnées et heureuses lorsque je leur fais cette remarque. La réflexion de la mère d'Edouard est l'une des plus fréquemment faites au pédiatre à propos de l'éducation sphinctérienne. C'est justement en entendant si souvent cette réaction des petits que l'idée m'est venue d'aller dans leur sens.

Puisqu'ils savent déjà que leurs selles et leurs urines peuvent se faire dans la couche – et ils le savent depuis leur naissance –, pourquoi le leur refuser ? Ils peuvent dès lors faire volontairement leurs excréments. Inutile de leur laisser leur couche toute la journée pour qu'ils vivent avec passivement.

L'apprentissage avec la couche

L'avantage de cette éducation à la couche est qu'elle se situe dans le prolongement du port continu des changes, sans heurt, sans changement radical de système, sans exigence par rapport à un nouvel et étrange instrument : le pot.

J'ai maintes fois constaté combien la démarche suivante conseillée aux parents avait le double avantage d'aider l'enfant à contrôler ses sphincters sans entraîner de sensation d'échec avec des connotations culpabilisantes. Ainsi est considérablement limité le risque de traumatisme psychologique par l'entourage.

Comment faire ?

- Expliquez à votre enfant, entre 18 mois et 3 ans, que, maintenant, il va pouvoir enlever ses couches pour vivre en culotte ; « *Mais nous pourrons remettre les changes, simplement quand tu auras besoin de faire tes urines ou tes selles* ».
- Posez la couche sur une chaise à sa portée.
- N'attendez pas qu'il demande. Il n'a en général pas encore réalisé ce que vous proposez. Mettez-lui simplement la couche une heure plus tard.
- Vous constaterez que bien souvent l'enfant dont la maturation est prête profite du port de la couche pour se libérer dans les 10 minutes qui suivent.
- Alors, et c'est cette précision qui est importante, dites simplement : « *voilà, tu as fais pipi* » et enlevez sa couche.

Un apprentissage progressif

Vous constaterez bien souvent que, dans un premier temps, votre enfant se retient en attendant qu'on lui remette la couche. Ce qui est déjà un contrôle. Dans un deuxième temps, il va chercher sa couche tout seul et peut ainsi signaler son envie. Il est propre lorsqu'il a compris le fonctionnement de ses sphincters sans que cela lui paraisse absurde.

L'idéal est de ne pas laisser l'enfant déambuler trop longtemps avec le change souillé.

- Posez une nouvelle couche propre sur la chaise.
- Recommencez ce manège avec un écart de plus en plus grand.

Ensuite, à son heure et en son temps, il demandera la couche, puis ira sur les petites toilettes de l'école, comme les copains.

Votre enfant comprend d'autant mieux ce que vous attendez de lui que votre proposition est cohérente. Vous ne mettrez de couches que pendant les heures de sommeil durant une quinzaine de jours. Pour être idéale, cette méthode suppose que ce soit toujours la même personne qui la mette en pratique. Mieux vaut donc utiliser une période de vacances si vous travaillez, ou un séjour chez une mamie qui aurait bien compris la méthode auparavant. ■

A quel âge appliquer cette stratégie ?

L'âge auquel l'éducation à la couche peut être entrepris dépend donc de ce que vous ressentez par rapport à la demande et à la maturité de l'enfant. L'âge dépend aussi de votre tolérance vis-à-vis des accidents éventuels. Il sera plus facile de procéder gentiment dans une maison de campagne en plein été, vous risquez d'être moins tolérant, en hiver, dans un appartement moquetté . Cette proposition de propreté dans la couche, qui m'a donc été suggérée par les enfants eux-mêmes, est souvent concluante pour les petits qui refusent de s'asseoir sur le pot. Elle ne suppose aucun forcing. Si votre enfant ne semble absolument pas se retenir lorsqu'il n'a pas de couche, mieux vaut attendre quelques mois pour proposer à nouveau le contrôle sphinctérien. Il s'agit bien d'une proposition, et non d'un but à atteindre impérativement.

Chapitre 7

Les dessous psychologiques de la propreté

La propreté, une question psy

« La première défense faite à l'enfant, qui a trait au plaisir procuré par l'activité anale et ses produits, détermine tout son développement ultérieur. »

Lou Andreas-Salomé

Le stade anal

L'apprentissage de la possession.

Dans l'évolution psychologique de tous les enfants du monde, le stade anal est une étape inéluctable. Il survient de 18 mois à 3 ou 4 ans : l'enfant prend conscience de la défécation. Il perçoit la réplétion de son rectum et sent la poussée de sa selle sur sa muqueuse anale. Il joue alors sur la capacité de retenir et d'expulser. Cette expérience a été jugée comme psychiquement fondamentale par Freud. L'enfant est très intrigué par ces sensations et par les boudins fécaux qu'il peut offrir à la vue de l'adulte. Il peut le considérer comme une offrande à sa mère, mais il peut aussi en avoir peur. Au début du stade anal, le bébé n'a pas de dégoût pour ses selles, il peut même vouloir jouer avec, y mettre les mains, en souiller les meubles…

Bébé agit sur vous, et réciproquement : La nourrice ou la maman auront forcément la réaction de commenter : « *C'est sale, tu ne dois pas tou-*

cher, nous allons jeter » et l'enfant en ressent des sentiments agressifs. Il va commencer à jouer avec la notion de ce qui lui appartient et de ce qu'il peut donner, ce qu'il peut contrôler, retenir, posséder, maîtriser ou offrir, expulser. C'est ainsi que naît la notion la plus primitive de possession, celle des matières fécales, à laquelle sera finalement assimilée ensuite toute possession d'objets.

Avec l'émission de ses selles, l'enfant entre dans une phase de pouvoir : celui de refuser ce qu'on lui demande au bon moment ; ou au contraire celui de faire l'offrande attendue ; enfin le pouvoir de souiller alors qu'on le lui interdit.

Ainsi Freud a-t-il assimilé l'avare et le constipé. Des perturbations à ce stade dans l'équilibre psychique de l'enfant peuvent donc avoir des conséquences ultérieures graves : si vous faites trop de zèle, si vous êtes rigoureux, vous pouvez provoquer chez votre enfant un sentiment profond de culpabilité, un masochisme mêlé à un culte excessif de l'ordre. A l'inverse, l'excès de liberté peut être à l'origine d'un laisser-aller moral et d'un caractère dispendieux.

L'unité de base en fonction de laquelle bébé s'éveille est sa mère et, d'une façon plus générale, son monde environnant. En matière de propreté, cette interaction est déterminante. La façon dont vous vous y prenez avec votre bébé conditionne sa capacité de devenir propre. Il faut en effet comprendre que, par son comportement, le bébé agit sur vous. Ses vocalises, les mouvements du corps vous préviennent de ses sensa-

Comme l'ont souligné les psychiatres et psychanalystes d'enfants, Serge Lebovici et Philippe Mazet, l'étude de la relation entre la mère et le bébé peut nous aider à mieux comprendre comment se développent les premiers troubles de l'enfant en fonction de son environnement. L'éducation sphinctérienne et l'acquisition de la propreté illustrent parfaitement le rôle de cette interaction précoce sur les progrès de votre petit.

tions et ceci d'autant mieux que vous êtes en contact étroit avec lui, que vous le regardez et que vous savez lui répondre par des paroles signifiantes. La qualité de l'harmonisation est déterminante pour tous ses progrès.

En matière de propreté, il y a deux partenaires : le bébé d'un côté ; et de l'autre, sa mère, ou la professionnelle qui s'occupe du bébé, ou la mamie qui peut avoir un rôle direct sur lui, ou indirect sur les parents. Il faut aussi mentionner le père et les frères et sœurs.

La situation illustre parfaitement l'aphorisme de Winnicott : « *un bébé seul n'existe pas* », l'unité de base du bébé est sa mère, puis, d'une manière plus générale, son monde environnant. Vous allez voir combien sont remarquables les compétences du bébé, pour percevoir et pour apprendre, et comment il interagit avec autrui.

Le cabinet du pédiatre est un lieu d'étude privilégié pour ces relations, dans la mesure où les parents qui consultent sont dans une problématique d'éducation et avides de conseils. C'est donc un lieu de prévention : en vous conseillant, en vous rassurant, en vous donnant confiance en votre enfant et en vous-même, en empêchant que votre entourage vous déstabilise par des critiques injustifiées, perturbe votre relation avec votre bébé, votre pédiatre accomplit chaque jour un rôle précieux, sur lequel il faut savoir vous appuyer. Ainsi peut-on éviter, puis soulager, les troubles du comportement sphinctérien, énurésie, encoprésie… ■

Le bébé porteur de nos fantasmes

Des interactions continues.

Exemple de fantasme : la grand-mère veut à tout prix rendre votre enfant propre parce qu'elle ne veut pas revivre les épisodes de culotte mouillée connus par la petite cousine…

Les échanges entre votre bébé et l'adulte qui prend soin de lui se placent sur trois niveaux :

- **Les échanges du comportement :** bébé s'accroupit ou se contorsionne, grimace… Vous le regardez, lui parlez, venez le changer…
- **Les échanges affectifs :** vous l'encouragez ou le grondez, bébé vous devine satisfait ou irrité, ou encore indifférent.
- **Les échanges fantasmatiques :** l'adulte a lui-même des fantasmes par rapport à la propreté, fantasmes qui peuvent être conscients ou inconscients :
- par exemple, vous pouvez à la fois être consciente que vous voudriez que votre bébé vide bien ses intestins, mais être poussée inconsciemment par des fantasmes de peur de constipation ou de douleur à l'évacuation des selles, qui remontent à votre propre enfance.
- Mais il y a aussi des fantasmes bien plus enfouis dans notre mémoire archaïque : ce peut être des épisodes de notre prime enfance, alors que nous étions bébé. Ils vont s'entrechoquer, interagir avec ceux du nourrisson qui, nous allons le voir, a lui aussi une vie imaginaire intense !

Il faut donc s'accorder affectivement pour que le processus d'apprentissage fonctionne harmonieusement. Chaque partenaire, maman et bébé, reçoit les messages de l'autre grâce à ses capacités perceptives, son ouïe, sa vue, son audition, son odorat…

Il suffit de deux ou trois comportements réciproquement adressés sur un temps de quelques secondes, pour déterminer les réactions de l'enfant. Ainsi, les gestes du bébé qui se trémousse correspondront à des vocalisations maternelles – « *tu veux faire pipi ? Viens faire pipi !* » –, essentielles dans le processus qui conduit peu à peu à comprendre ce qu'on attend de lui, puis à contrôler les sphincters.

La scène de l'interaction peut être très brève, se déroulant en quelques secondes. Par exemple, votre enfant fait sa selle à côté du pot, sa nourrice se met à crier, « *c'est sale, c'est dégoutant !* » Son sentiment de répugnance se manifeste sur son visage, alors votre enfant s'en va en courant ; la culpabilité et l'opposition sont en marche. Ainsi est-il important que vous preniez connaissance des erreurs à ne pas commettre. ■

Maîtrisez vos angoisses

Si vous vous sentez particulièrement angoissée autour des problèmes de propreté de votre enfant, n'hésitez pas à consulter votre pédiatre, à parler avec les personnels de crèche et éventuellement à demander quelques entretiens psychologiques. Si ces sujets sont chargés pour vous d'angoisses, de connotations négatives et culpabilisantes, l'enfant se fixera dans une position de blocage. Mais le plus souvent, avec des relations positives, disponibles, sereines, chaleureuses, la propreté se maîtrisera tout simplement.

L'époque caca-boudin

Une phase universelle.

C'est au moment où votre enfant a maîtrisé ses fonctions sphinctériennes qu'il prend tant de plaisir à appeler votre voisine "Madame Pipi" et à se réjouir de sa litanie du "caca-boudin".

« Toi t'es caca-boudin ! » : c'est l'expression favorite des enfants entre 3 et 4 ans ; et vous me dites souvent : « *Il a appris ce gros mot à l'école maternelle* », puisqu'il vient d'y entrer. Mais en fait, c'est l'acquisition de la propreté qui entraîne cette expression scatologique. Elle est universelle, utilisée dans toutes les écoles du globe d'un bout à l'autre de la planète. Elle correspond à la fin de l'apprentissage de la maîtrise sphinctérienne.

Car il a dû renoncer à jouer avec l'intérieur de son corps, ses sensations de réplétion, de rétention, d'évacuation, de manipulation... Lui qui n'était pas gêné bébé par l'odeur de ses selles, il a dû apprendre à les trouver sales, nauséabondes, à s'en débarrasser dans des toilettes les chassant à grandes eaux.

Selon Freud, « *l'érotique anale succombe la première à ce refoulement organique qui ouvrit la voie à la civilisation. Le facteur social... se traduit dans ce fait qu'en dépit de tous les progrès entrepris par l'homme au cours de son développement, l'odeur de ses propres excréments ne le choque guère, alors que seule le choque celle des excréments d'autrui. L'éducation s'emploie avec une énergie particulière à hâter la venue du stade où les excréments*

perdent leur valeur olfactive. Le petit enfant n'a aucune répugnance pour ses excréments. Quand ils perdent leur valeur, ils deviennent objets de dégoût et de répulsion. Cette condamnation vient de la condamnation générale qui a atteint toutes les fortes impressions olfactives dès que l'homme se fut relevé du sol. »

Les parents essaient de ne pas prêter attention aux "gros-mots". Mais l'enfant les provoque jusqu'à ce qu'ils réagissent.

L'acquisition de la propreté marque la fin de la "phase anale". Selon l'expression de Françoise Dolto : « *Par la conquête de la discipline sphinctérienne, l'enfant découvre la notion de son pouvoir, de sa propriété privée : ses selles lui donnent un pouvoir auto-érotique sur son transit, un pouvoir affectif sur sa mère qu'il peut récompenser ou non. Mais, expulser ses excréments à heure fixe, souvent avec effort, ne pas attendre le besoin impérieux spontané, ne pas jouer à les retenir, constitue dans l'optique de l'enfant un renoncement. L'interdiction de jouer avec, ensuite, le dégoût affecté par l'adulte crée encore un renoncement. Or, l'enfant ne renonce à un plaisir que pour un autre.* »

Ce passage entraîne en effet un véritable séisme dans le psychisme de votre enfant et ses expressions ne sont que le reflet de ses émotions intérieures.

C'est donc parce qu'on lui proposera de nouvelles découvertes, de nouvelles satisfactions, dans ses jeux avec ses copains, dans sa communication avec vous, que l'enfant pourra franchir ce cap sans regrets.

Les gros mots permettent à cet âge-là à votre petit de marquer son territoire par rapport aux adultes. C'est un système de reconnaissance inter-enfants.

Les tirades dérivées de la joyeuse expression "caca-boudin" représentent ainsi le bonheur perdu du pouvoir de l'enfant avant d'être propre. Il déplace son plaisir, ses sacrifices de la jouissance interne de jouer avec ses selles, sur le bonheur de jouer avec les mots. Voilà pourquoi l'expression "caca-boudin" est utilisée de façon universelle à l'âge où l'enfant renonce à se souiller.

Lorsque l'enfant lance l'expression à la dame que vous venez de saluer en l'introduisant dans votre maison, il est complètement réjoui, transporté de joie et accompagne sa tirade de rires jubilatoires. Ces expressions scatologiques l'introduisent en même temps dans la communauté enfantine. C'est un langage codé qui en fait un initié auprès des copains. C'est une véritable formule initiatique pour être admis dans le royaume des enfants avec bien sûr certaines variations : "caca-prout" et autre vocabulaire scatologique.

Comment réagir ?

Les grands-mères n'apprécient pas et les jeunes parents se veulent compréhensifs, mais sont en fait très déconcertés.

Vous vous sentez démunis et me demandez toujours comment réagir. Le premier conseil que je vous donnerai est de ne pas tricher avec vous-même. Si vous êtes importuné, ne dites pas « *comme c'est drôle !* ». Si vous réagissez de façon inopportune, vous risquez de prolonger cette phase scatologique jusqu'à la fin de la maternelle. Alors que si votre réaction est saine, votre enfant réservera sa jubilation grossière à ses petits copains. Il ne cultivera pas cette relation avec l'adulte, puis il l'abandonnera vers l'âge de 5 à 6 ans pour entrer plutôt dans la phase "zizi", qui prend alors à ses oreilles une valeur nettement supérieure à "caca-boudin" !

Du stade anal au stade phallique

L'enfant avec lequel les parents ont des rapports psychiques équilibrants sort du stade anal pour entrer dans le stade phallique. Ses pulsions se fixent alors sur son appareil génital, il fait la découverte de son sexe et du plaisir cutané qu'il peut en obtenir grâce à ses attouchements. "Caca-boudin" deviendra l'expression réservée aux petits, l'enfant découvrant qu'il existe un nouvel interdit, beaucoup plus intéressant et qui dure d'ailleurs beaucoup plus longtemps...

Depuis mai 68, je dirai donc que vous vous montrez, vous parents, beaucoup plus tolérants que ceux des générations précédentes. Vous pouvez en sourire la première fois. Mais lorsque l'enfant devient vraiment insistant et provocateur, expliquez-lui que ce vocabulaire est sûrement très amusant à utiliser entre petits amis, vous n'en doutez pas, mais pas agréable à vos oreilles.

Si votre enfant réitère, vous pouvez lui demander très gentiment d'aller lâcher ses expressions aux toilettes pour vous laisser tranquilles. Il réservera dès lors ces salves à ses copains, et prendra l'habitude de ne pas vous provoquer. ■

Chapitre 8

A l'école !

Il entre à l'école, comme un grand !

A ce stade, 8 enfants sur 10 sont propres.

Je vous conseille de mettre un petit pantalon très facile à baisser, d'éviter le body compliqué chez les petites filles, et de rendre ainsi la tenue la plus pratique possible en ce qui concerne la propreté.

Quelques accidents inhabituels auront peut-être lieu les premiers jours, du fait du dépaysement, de l'émotion, de la difficulté de trouver les petites toilettes ou de la répugnance de certains enfants pour des w-c mal entretenus. Il vous faudra nouer tout de suite un lien de sympathie avec l'assistante de maternelle, ces aides mal connues et si importantes pour le bien-être des enfants : elles aident la maîtresse pour tout ce qui concerne le côté pratique. Une assistante gentille et affectueuse permettra à votre enfant d'aller aux toilettes sans difficulté. C'est tellement important pour son confort physique et surtout psychologique par rapport aux autres...

Et s'il n'est pas encore propre ?

Ne retardez surtout pas l'inscription.

Il reste que certains enfants ne sont pas encore propres. Autant les mamans d'aujourd'hui se veulent libérales et tolérantes, autant l'échéance de l'entrée à l'école les rend tout à coup exigeantes, ce qui affole l'enfant et lie l'idée d'école à la terreur de ne pas avoir acquis la maîtrise de ses sphincters. Propreté sphinctérienne

Il entre à l'école, comme un grand !

« Il faut qu'il soit propre pour entrer à l'école. » Je m'insurge en tant que pédiatre devant cet ukase que l'on pose au moment de l'inscription, alors que l'enfant n'a le plus souvent que deux ans et demi.

et entrée à la maternelle ne devraient absolument pas être corrélées. Aussi n'ai-je aucun scrupule à vous conseiller de tricher un peu avec cette règle imbécile, et de dire que votre enfant est propre lorsque vous l'inscrivez. Il y a de fortes chances pour que, pendant l'été qui précède la rentrée, vous arriviez, avec tous les conseils que je vous ai donnés plus haut, à ce qu'il acquière la maîtrise de ses sphincters. La méthode “à la couche” permettra aux plus craintifs de résoudre le problème.

Les mamans me disent souvent qu'à l'école, il n'aura pas de couche à sa disposition. C'est sans importance, car l'enfant qui est habitué à attendre sa couche se retient généralement toute la matinée jusqu'au retour à la maison pour bénéficier de sa petite méthode intime. Mais plus souvent encore, d'ailleurs, il va imiter les autres enfants. A la récréation, il ira faire dans les petites toilettes. Ne dites rien, et vous le verrez après deux jours de classe ne plus vous demander sa couche, mais aller directement aux W-C. Voilà pourquoi il serait stupide de retarder l'inscription sous prétexte que l'enfant n'est pas propre. ■

Tout rentre vite dans l'ordre

Pour les rares fois où il n'aurait vraiment pas réussi à se contrôler, s'il a sa petite culotte mouillée quand vous allez le chercher, la maîtresse comprendra volontiers que le stress de la rentrée ne favorise pas la propreté. Vous pouvez être certaine que, dans les semaines qui suivront, il arrivera à se maîtriser. Evitez-lui les grands cours de morale. Les institutrices savent ne pas humilier le petit qui s'est souillé. La propreté s'acquiert toujours dès lors qu'il se sent respecté. Vous aurez ainsi le plaisir d'avoir un enfant propre et scolarisé.

La propreté en toute sérénité

Plusieurs méthodes à disposition.

Les histoires que je vous ai racontées ont montré la diversité des méthodes, selon la personnalité de votre enfant, pour l'apprentissage de la propreté. Vous avez pu voir comment les évolutions des pratiques de puériculture, et en particulier le port continu et prolongé des changes complets, pouvaient éviter les traumatismes psychologiques tout en impliquant une nouvelle méthode d'acquisition de la propreté.

Bébé et maman, bébé et nounou, maman et papa... chacun joue un rôle, positif ou négatif.

Ces observations m'ont conduite à une réflexion pratique : sans doute ne faut-il pas exagérément prolonger une situation de totale passivité, qui se transforme en une dépendance de l'enfant par rapport à la couche souillée. J'espère donc vous avoir encouragés à être attentifs aux particularités psychomotrices de votre enfant entre un et trois ans, sans pour autant devenir coercitifs.

Car il y a des moments-clés en matière de propreté, variables dans une certaine marge d'un individu à l'autre, comme pour tous les autres progrès de l'enfant. La possibilité d'apprentissage de la propreté "avec la couche" offre une solution parfois plus adaptée que les méthodes classiques, comme le suggèrent les enfants eux-mêmes.

Le rôle capital de la communication

L'importance d'être à l'écoute.

L'amélioration des échanges entre bébé, parents, nounous, constatée au fil de ces observations, montre l'importance de la communication mère-pédiatre. Les questions posées autour de l'acquisition de la propreté offrent une situation particulièrement ouverte à la confidence.

La fréquence avec laquelle les pédiatres, les médecins de PMI, les puéricultrices, les assistantes maternelles... sont sollicités pour les problèmes de propreté doit nous encourager à une grande disponibilité dans notre écoute des familles. Car l'acquisition de la propreté, ainsi que le souligne T. Berry Brazelton, constitue un "point fort" de l'éducation. ■

Bibliographie

- *Les changes complets, écrans de l'interaction?,* Antier E., 1998, Paris, Université Paris Nord, Mémoire.
- *Pédiatrie pour le praticien,* Bourillon A., Dehan M., 1996, Paris, Masson, pp. 484-485.
- *Les premiers liens*, Brazelton T., Cramer B., 1991, Paris, Stock.
- "Psychanalyse et éducation", in *Psychanalyse d'aujourd'hui,* Favreau J., Doumic A., 1956, Paris, PUF, pp. 237-318.
- *L'Epopée des bébés,* 1998, et *Bébés du Monde,* 1999, d'Harcourt C., Fontanel B., Paris, La Martinière.
- *Trois essais sur la théorie sexuelle,* Freud S., 1905, Paris, Gallimard.
- "Malaise dans la civilisation", Freud S., 1934, *Revue française de psychanalyse*, t. VII, n°4, Paris, Denoël.
- *L'enfant et son corps,* Kreisler L., Fain M., Soule M., 1981, Paris, PUF, pp. 389-419.
- *La connaissance de l'enfant par la psychanalyse,* Lebovici S., Soule M., 1970, Paris, PUF, pp. 447-454.
- "Interactions précoces et recherche", Mazet Ph., Feo A., 1996, dans *Bulletin de la Fédération Française de Psychiatrie*, n°9, Asnières.
- *Psychiatrie périnatale,* Mazet Ph., Lebovici S., 1998, PUF.
- *Le monde interpersonnel du nourrisson,* Stern D.N., 1985, Paris, PUF.

Autres ouvrages du même auteur

- *J'aide mon enfant à se concentrer*, Robert Laffont, 1999.
- *Mon bébé mange bien,* Balland/Jacob-Duvernet, 1999.
- *Attendre mon enfant aujourd'hui,* Fixot, 1999.
- *Elever mon enfant aujourd'hui,* Fixot, 1999.
- *Mon bébé dort bien,* Balland/Jacob-Duvernet, 1998.
- *Pourquoi votre enfant est fan de Disney*, Hachette, 1998.
- *Je vois grandir mon enfant,* Nathan, 1991.
- *Mémoires d'un nouveau-né*, préface de F. Dolto, Nathan, 1991.
- *Maux d'enfants*, Denoël, 1990.
- *Pourquoi tous les enfants aiment Mickey*, Eshel, 1988.
- *Maman écoute ton cœur*, préface de T. Brazelton, éditions de l'Instant, 1988.
- *100 questions à ma pédiatre,* éditions de l'Instant, 1988.

Index

Déjà parus

- *Les croisières* par Thierry Beaumont
- *Les Antiquités* par Jean Bedel
- *Le Bien-être* par Anne Jeanblanc et Evelyn Flageul
- *La Bourse* par Jean-Pierre Gaillard
- *L'Argent* par Jean-Pierre Gaillard
- *Le Patrimoine* par Patrick Lelong
- *Les Courses* par Lionel Ovadia
- *La Conduite* par Michel Berga
- *L'Euro* par Marie-Christine Vallet
- *Mon Bébé dort bien* par Edwige Antier
- *Mon Bébé mange bien* par Edwige Antier
- *Les Vacances* par Thierry Beaumont
- *Le Bogue de l'an 2000* par J. Colombain et M. Polacco

A paraître

- *Les Dates du siècle* par Pascal Delannoy
- *Les Examens médicaux* par Michel Cymès
- *Le Collège* par E. Davidenkoff et B. Tassard
- *Le Lycée* par E. Davidenkoff et B. Tassard
- *La Météo* par Jacques Kessler
- *L'Alimentation des seniors* par A. Jeanblanc et E. Flageul
- *Mon Bébé joue bien* par Edwige Antier
- *L'Entreprise individuelle* par Claudie Hamon
- *Changer de métier* par Aurélie Kieffer
- *L'Héritage* par Patrick Lelong
- *101 idées pour resserrer les liens sociaux* par E. Moreau
- *Les Associations européennes pour les jeunes* par E. Moreau et J.-M. Lamarque

Collection créée sur une idée originale de Jean-Pierre Guéno, directeur des éditions et de la commercialisation de Radio France

Ont collaboré à cet ouvrage :
Edition : Claire Larsen (SFG) et Colette Bouquet (Balland) – Conception graphique : Laurent Séminel – Correction : Viviane Consoli – Iconographie : Sibylle Chauveau et Soazig Cudennec

La collection Les guides *France Info* est une réalisation des Nouveaux Guides Pratiques, 33, rue Saint-André-des-Arts, 75006 Paris

Crédits photos : © Photodisc, page 5. Photo Alto, pages 6, 8, 13. Photodisc, page 14. Guido A. Rossi/Image Bank, page 21. Digital Vision, page 22. Petrified Colle/Image Bank, page 23. Photo Alto, page 28. Digital Vision, pages 31, 35, 37. Gwenhaël Cudennec, page 40. Photo Alto, page 45. Digital Vision, page 51. Photodisc, pages 53, 56. Photo Alto, page 59. D. R., page 60. Photo Alto, pages 65, 73, 74, 75. D. R., page 77. Photo Alto, pages 81, 106, 109. Digital Vision, page 111. Photo Alto, pages 116, 119, 122. PIX, couverture.

Imprimé en France
Par Gibert-Clarey S.A. à Tours (n° 99050073)

ISBN : 2.7158.1234.5
Sodis : 946.650.2